dtv

Dieses Taschenbuch enthält sechs Erzählungen moderner chilenischer Autoren in spanisch-deutschem Paralleldruck:

– Eine schöne Frau, an ihrem vierzigsten Geburtstag auf dem Weg zu ihm. Zu ihm, der ihr vor zwanzig Jahren entschwand, unter Hinterlassung eines kleinen Stapels Fotografien ....
– Spanier, die ihr Glück in den Anden suchen: Gold. Harte-Männer-Welt, böser Betrug, eiskalte Rache. Dazu die Melodien des Trompeters, des Erzählers ...
– Nochmals Gold, nochmals Betrug, nochmals Rache. Diesmal in einer kleinstädtisch bürgerlichen Welt mit einem starken Element gewitzter Frauen ...
– Eine Ehegeschichte aus der Feine-Leute-Welt, mehr elend traurig als komisch, ein leises Psycho-Drama voll süßer Klaviermusik ...
– Nochmals feine Leute, diesmal konfrontiert mit einem wunderbar nah an den Wurzeln befindlichen jungen Indio, der freilich ein dunkles Geheimnis hat ...
– Ein junger Mann, dessen schön beginnende Liebe durch die obszönen Gebärden eines Affen schrecklich verstört und dessen Trauma durch einen ekelhaften Kollegen unendlich verlängert wird ...

Sechs Beiträge zur modernen Weltliteratur aus einer noch immer kaum bekannten literarischen Region.

dtv zweisprachig · Edition Langewiesche-Brandt

CUENTOS HISPANOAMERICANOS: CHILE

ERZÄHLUNGEN AUS SPANISCH AMERIKA: CHILE

Auswahl und Übersetzung von Marion Kaufmann

Deutscher Taschenbuch Verlag

Übersetzung der Allende-Erzählung: Lieselotte Kolanoske

Redaktorische Mitarbeit an diesem Buch: Isabel Alcántara

Deutsche Erstausgabe
1. Auflage Dezember 1997
Deutscher Taschenbuch Verlag GmbH & Co. KG, München
Copyright-Nachweise Seite 165 ff.
Umschlagkonzept: Balk & Brumshagen
Umschlagbild: Ludwig Friedel (geb. 1917): Paisaje III
Gedruckt auf säurefreiem, chlorfrei gebleichtem Papier
Satz: FoCoTex Klaus Nowak, Berg bei Starnberg
Gesamtherstellung: Kösel, Kempten
ISBN 3-423-09364-1. Printed in Germany

Jaime Hagel Echenique
Que me dice, Amanda

Amanda, usted está más elegante hoy día, créamelo, ese andar agacelado, su figura de bambú envuelta en una de esas tenidas tan finas que usted usa, nadie, Amanda, diría que usted cumple hoy los cuarenta. Cuesta creer que no quiera casarse, pero tiene una historia hermosa y auténtica que usted ya no necesita repetir porque todos la relatan a los nuevos conocidos o la evocan, si no hay un conocido nuevo a mano, cada vez que la ven pasar caminando con esos pies de bailarina que casi no tocan el suelo y con ese lindo chal importado ondeando tras su nuca.

Sí, Amanda, hoy es un día especial para usted y créame, se le nota. Usted que por toda joya usa sólo un anillo, fíjese, se ha puesto un broche de oro puro para sujetar ese chalcito italiano. Hoy tiene usted un aire más romántico, más misterioso. Nadie sabe que usted tiene hoy una cita que lejos de ponerla ansiosa, le endulza la mirada, le suaviza el gesto. Se dan vuelta a mirarla, Amanda. Qué bien se ve entre los castaños de hojas secas. Sabe, usted no desentona con el paisaje otoñal. Se vería maravillosa con ese fondo de árboles en la portada de una revista de modas. Salta a la vista que ese rostro, esas pupilas, ocultan un misterio, una vieja historia de amor, perdóneme el adjetivo, pero es que no ha pasado nada desde la última vez que vio a Ricardo, su novio y gran amor. Desde entonces usted no ha querido vivir. Se ha cerrado todas las puertas. Su vida se transformó en uno de esos cuentos tras cuya superficie argumental no se esconde ningún significado. Se podría hacer una película muda con ella. Siguió estudiando, tomando el mismo

Jaime Hagel Echenique
Was sagen Sie dazu, Amanda

Amanda, Sie sind heute viel eleganter, glauben Sie mir. Dieser grazile Gang, Ihre Bambusgestalt, eingehüllt in eines dieser besonders feinen Kleider, die Sie tragen – niemand, Amanda, würde sagen, dass Sie heute vierzig werden. Es fällt schwer zu glauben, dass Sie nicht heiraten wollen, aber Sie haben etwas so Schönes, Echtes erlebt, eine Geschichte, die Sie nicht mehr zu wiederholen brauchen, weil jeder sie seinen neuen Bekannten erzählt oder, wenn gerade kein neuer Bekannter zur Hand ist, jedesmal daran denkt, wenn er Sie vorbeigehen sieht, auf diesen Ballerinafüßen, die den Boden kaum berühren, und mit diesem hübschen importierten Schal, der hinter Ihrem Nacken herflattert.

Ja, Amanda, heute ist für Sie ein besonderer Tag, und glauben Sie mir, man merkt es Ihnen an. Stellen Sie sich vor: Sie, die als einziges Schmuckstück nur einen Ring tragen, haben sich mit einer echt goldenen Brosche diesen kleinen italienischen Schal festgesteckt. Sie wirken heute romantischer, geheimnisvoller. Niemand weiß, dass Sie heute eine Verabredung haben, die Sie nicht etwa beunruhigt, sondern im Gegenteil, Ihren Blick weicher, Ihre Bewegungen sanfter macht. Man dreht sich nach Ihnen um, Amanda. Wie schön Sie sich zwischen den Kastanienbäumen mit den trockenen Blättern ausmachen. Wissen Sie, Sie passen gut zu der herbstlichen Landschaft. Mit diesen Bäumen im Hintergrund würden Sie fabelhaft auf dem Titelblatt einer Modezeitschrift wirken. Es ist ganz offensichtlich, dass dieses Gesicht, diese Pupillen, ein Geheimnis verbergen, eine alte Liebesgeschichte, verzeihen Sie den Ausdruck, aber es ist ja nichts geschehen, seitdem Sie das letzte Mal Ricardo, Ihren Verlobten, Ihre große Liebe, gesehen haben. Seit damals hatten Sie keine Lebenslust mehr. Sie verschlossen sich selbst alle Türen. Ihr Leben verwandelte sich in eine dieser Erzählungen, hinter deren Handlung sich keine Bedeutung verbirgt. Man könnte

bus todos los días, el idéntico desayuno y así. Luego vino la ceremonia de titulación para comenzar a trabajar en la biblioteca de la universidad, un hermoso edificio antiguo. Y se convirtió en una profesional eficiente. Las costumbres, Amanda, nos ocultan la realidad. Comenzó a repetir todos los días los mismos movimientos sonambulescos, mecánicos, a percibir y a actuar como una maquinita. Ya no se da cuenta casi del cambio de las estaciones salvo para cambiar su cuidadoso y elegante atuendo. Confiese, Amanda, ¿cuánto tiempo hace que no nota el olor de la tierra con la primera lluvia de abril? Dígame, ¿cuándo florecieron los almendros por última vez? Su figura de delgada pasó a flaca. Algunas arruguitas, patitas de gallo se están anunciando. Su frente se niega a relajarse por completo. Una vez pasaron tres años sin que se acordara en un solo momento que en un tiempo tuvo un amor. ¡Su único amor, Amanda! Hasta hoy, usted parecía una de esas muñecas antiguas con cuerda. La asocio, perdón, al caballo del lechero de aquella larguísima novela italiana. Todo a la misma hora con iguales ademanes. Uno de esos discos que no avanzan, donde la aguja gira y gira sobre un solo surco. Con la misma tranquilidad de gran dama ha rechazado los intentos a un acercamiento más íntimo de profesores, colegas y hasta de estudiantes. A veces recibe regalos, pero todos saben que no come chocolate, todos lo saben, Amanda, y no le compran chocolate, ve usted.

Pero hoy es un día distinto. No por su cumpleaños sino porque va a hacer algo. Se ha dado una cita. Sabe que va a ser violento, el reencuentro. Pero, por qué no, ¿no es cierto? Antes de morirse, como dicen. Digámoslo, Amanda, usted ha decidido volver a verlo. Ve

einen Stummfilm daraus machen. Sie studierten weiter, nahmen jeden Tag denselben Bus, dasselbe Frühstück und so fort. Dann kam die feierliche Titelverleihung, zum Beginn der Arbeit in der Universitätsbibliothek, einem wunderschönen alten Gebäude. Und Sie wurden eine tüchtige Sachverständige. Die Gewohnheiten, Amanda, verbergen uns die Wirklichkeit. Sie fingen an, Tag für Tag dieselben schlafwandlerischen, mechanischen Bewegungen zu wiederholen, zu empfinden und zu handeln wie eine kleine Maschine. Es fällt Ihnen schon fast nicht mehr auf, wie die Jahreszeiten sich ablösen, es sei denn, um Ihre gepflegte, elegante Kleidung zu wechseln. Gestehen Sie, Amanda, wie lange schon merken Sie nicht mehr den Geruch der Erde nach dem ersten Aprilregen? Sagen Sie mir, wann haben die Mandelbäume zum letzten Mal geblüht? Ihre schlanke Figur wurde mager. Ein paar Fältchen, kleine Krähenfüße kündigen sich an. Ihre Stirn mag sich nicht richtig entspannen. Einmal sind drei Jahre vergangen, ohne dass Sie auch nur ein einziges Mal daran dachten, dass Sie einmal verliebt waren. Ihre einzige Liebe, Amanda! Bis heute sahen Sie aus wie eine dieser Aufziehpuppen, die es früher gab. Verzeihen Sie, aber Sie erinnern mich an das Pferd des Milchmannes aus jenem endlosen italienischen Roman. Alles zur gleichen Stunde, mit immer den gleichen Gesten. Eine von den Platten, die immer dasselbe spielen, weil die Nadel sich immerfort auf einer einzigen Rille dreht. Mit der Gelassenheit einer Dame von Welt haben Sie die Annäherungsversuche von Professoren, Kollegen und sogar von Studenten zurückgewiesen. Manchmal bekommen Sie Geschenke, aber alle wissen, dass Sie keine Schokolade essen. Alle wissen es, Amanda, und kaufen Ihnen keine Schokolade – sehen Sie.

Doch der heutige Tag ist anders. Nicht wegen Ihres Geburtstages, sondern weil Sie etwas unternehmen werden. Sie haben eine Verabredung. Sie wissen, dass es furchtbar sein wird, das Wiedersehen. Aber, warum auch nicht, oder? Bevor man stirbt, wie man sagt. Sprechen wir es aus, Amanda, Sie haben sich entschlossen, ihn wiederzusehen.

que no costó nada. Si hasta se puso esa hoja de oro macizo en el chal para la cita. Qué me dice, Amanda.

Hace dos décadas que se reunió por última vez con su Ricardo, su novio de hacía ya más de un año, su primera adoración, su definitivo amor. Era una tarde de otoño, el día estaba nublado, casi frío, su patio, tapizado de hojas secas que usted no quería barrer. Le gustaba contemplar esa superficie cromada con todos los matices pardos. Usted llevaba sweater y pantalones grises, muy deportiva, hermosa. Sonó el timbre. Le temblaron un poco las manos al abrir. Sí, claro, era él. Ricardo con los discos de Gustav Mahler que pensaban escuchar juntos. Se besaron muy tenuemente, con más significado que labios y saliva. Usted lo tomó de la mano, lo llevó al patio y, ¡traviesa!, lo dejó allí, en el medio de ese mar de hojas secas que cubrían totalmente el lugar. ¡Que no se moviera! Usted en esa época se reía sonoramente. Corrió a buscar su máquina fotográfica y le tomó (no se acuerda ya, seis) fotos, una tras la otra como quien acribilla a balazos a alguien. Y así se movía Ricardo, tic, sorprendido, tic, levantando las manos, tic, tropezando, tic, echándose hacia atrás, tic, casi dominándose, tic, sonriendo ya entregado. Fue una hermosa tarde tranquila. Escucharon la Canción de la Tierra, tic, mirándose, tic, comiendo chocolate, tic, sentados sobre la alfombra. La máquina tenía un disparador automático. Mientras sonaba la música, usted corría el rollo y enfocaba la cámara apoyada sobre una silla o el suelo, apretaba el botón y corría a su lado. Tic, abrazados. Tic, apretando su nariz contra su mejilla. Tic, tic, tic. Ya ni se acuerda, fueron ocho instantáneas más. Catorce en total, más la última, cuando él se fue a las siete de la tarde y usted se quedó sola, sin Ricardo y sin Gustav

Sehen Sie, es war gar nicht schwer. Sie haben sich ja sogar für das Treffen diese Brosche aus massivem Gold an den Schal gesteckt. Was sagen Sie dazu, Amanda.

Zwei Jahrzehnte ist es her, dass Sie sich zuletzt mit Ihrem Ricardo trafen, Ihrem ersten Angebeteten, Ihrer Einzigen Liebe, mit dem Sie bereits über ein Jahr verlobt waren. Es war ein Herbstnachmittag, ein bewölkter, fast kalter Tag. Ihr Hof mit seinem Teppich aus trockenem Laub, das Sie nicht wegfegen wollten. Es gefiel Ihnen, auf diese farbige Fläche mit all den Brauntönen zu blicken. Sie trugen einen Pullover und graue Hosen, sahen sehr sportlich aus und schön. Es klingelte. Ihre Hände zitterten ein wenig beim Öffnen. Ja natürlich, er war es. Ricardo mit den Gustav-Mahler-Platten, die Sie zusammen anhören wollten. Sie küssten sich ganz zart, mit tieferer Bedeutung als nur Lippen und Speichel. Sie nahmen ihn an der Hand, führten ihn zum Hof und – wie unartig! – ließen ihn dort stehen, inmitten dieses Meeres von trockenen Blättern, die den Boden völlig bedeckten. Dass er sich nicht bewege! Damals hatten Sie ein fröhliches Lachen. Sie liefen, Ihren Fotoapparat zu holen, und machten (Sie erinnern sich nicht mehr, es waren sechs) Bilder von ihm, eins nach dem andern, so wie man jemanden niederschießt. Und so bewegte sich Ricardo, klick, überrascht, klick, die Hände hebend, klick, stolpernd, klick, sich nach hinten beugend, klick, sich fast in den Griff bekommend, klick, schließlich ergeben lächelnd. Es war ein schöner, ruhiger Nachmittag. Sie hörten «Das Lied von der Erde» an, klick, sich anschauend, klick, Schokolade essend, klick, auf dem Teppich sitzend. Der Apparat hatte einen Selbstauslöser. Während die Musik erklang, zogen Sie den Film auf und stellten die auf einen Stuhl oder auf dem Boden stehende Kamera ein, drückten auf den Knopf und liefen zu Ricardo. Klick, umarmt. Klick, Ihre Nase an seine Wange gedrückt. Klick, klick, klick. Sie erinnern sich nicht mehr, es waren noch acht Schnappschüsse. Vierzehn im ganzen, und dann der letzte, als er um sieben Uhr abends wegging und Sie alleine blieben, ohne Ricardo und ohne Gustav Mahler, mit einem

Mahler, con un sabor a chocolate en la boca y mirando las bellas hojas muertas.

No volvió nunca más, Amanda. Simplemente no volvió más. Desapareció de su vida. ¡Y las fotos salieron tan bien! ¡Tan reales! Una magistral copia de la realidad. Sus ojos amables, su sonrisa varonil, sus manos fuertes, su cuerpo tan frágil, su postura tan enternecedoramente torpe, esa nariz delgada, pero viril. ¡Oh Dios! El estaba allí, tal cual era, en esas tomas que no mentían, claras, unívocas, que mostraban a su Ricardo enteramente. El cuerpo es un símbolo del alma. Ricardo asustado, Ricardo travieso, Ricardo con esa seriedad de niño chico.

Tres semanas después decidió guardar las quince fotos en esa caja de bombones con candadito que tenía de recuerdo de infancia. La arrojó allá arriba, al fondo del maletero de su closet, detrás de esas valijas de cuero tan caras y pesadas que nunca usó, era más portátil su maleta blanca de fibra liviana. Y el tiempo la fue haciendo a usted práctica, tranquila, ¿fría? Poco quedó de su romanticismo veinteañero. El orgullo le impidió buscarlo. Bien le podría haber sucedido algo, ¿no es cierto? A usted no se le ocurrió siquiera llamar a las postas, a los hospitales, a la cárcel (¿que sordido, no?), a la morgue. No. Y dejó de comer chocolate, lo excluyó totalmente de su vida.

Sí, ya sé, todo ese tiempo entre medio, comenzó la percepción automática de las cosas, en fin, no fue en vano. Nadie que la conociera bien diría ahora que sigue siendo romántica. No. Usted bien lo sabe. Definitivamente, no. Usted, Amanda, es ordenada, equilibrada, serena, calmada. Claro que su figura delgada, su andar, su misterio, su ropa exclusiva, su pelo y esa arboleda otoñal de fondo, parece contradecirlo durante un par de minutos.

Schokoladengeschmack im Mund und auf das schöne trockene Laub blickend.

Er kam nie wieder Amanda. Er kam einfach nicht wieder. Er verschwand aus Ihrem Leben. Und die Aufnahmen waren so gut geworden! So lebensnah! Eine meisterhafte Nachbildung der Wirklichkeit. Seine freundlichen Augen, sein jungenhaftes Lächeln, seine kräftigen Hände, sein zarter Körper, seine so rührend ungeschickte Haltung, die schmale, doch männliche Nase. Oh Gott! Da stand er, so wie er war, auf diesen Bildern, die nicht logen, sie waren klar, unverkennbar, sie zeigten Ihren Ricardo voll und ganz. Der Körper ist ein Symbol der Seele. Ricardo erschrocken, Ricardo frech, Ricardo mit der Ernsthaftigkeit eines kleinen Jungen.

Drei Wochen später entschlossen Sie sich, die fünfzehn Bilder in dieser Konfektschachtel aufzubewahren, die mit einem kleinen Schloss versehen ist, ein Andenken aus Ihrer Kindheit. Sie warfen sie dort hinauf, ganz nach hinten in das Kofferfach Ihres Schrankes, hinter all die teuren, schweren Lederkoffer, die Sie nie benutzten – Ihr weißer Koffer aus leichter Vulkanfiber war ja viel handlicher. Und mit den Jahren wurden Sie erfahrener, ruhiger – kälter? Von der Romantik der Zwanzigjährigen blieb kaum etwas übrig. Der Stolz verbot es Ihnen, nach ihm zu suchen. Es hätte ihm etwas passiert sein können, nicht wahr? Es fiel Ihnen nicht ein, bei den Unfalldiensten anzufragen, in den Krankenhäusern, im Gefängnis (grässlich, nicht wahr?) im Leichenschauhaus. Nein. Und Sie hörten auf, Schokolade zu essen, klammerten sie vollständig aus Ihrem Leben aus.

Ja, ich weiß schon, in all dieser Zwischenzeit begann das automatische Wahrnehmen der Dinge, letztlich war es nicht umsonst gewesen. Niemand, der Sie gut kennt, würde jetzt behaupten, Sie seien immer noch romantisch. Nein. Sie wissen es selber nur zu gut. Ganz bestimmt nicht. Sie sind ordentlich, Amanda, ausgeglichen, ruhig, gelassen. Klar, dass Ihre schlanke Gestalt, Ihr Gang, Ihre geheimnisvolle Aura, Ihre elegante Kleidung, Ihr Haar und diese herbstliche Allee im Hintergrund dem eine Weile lang zu

Algo puede quedar cuando se pasa por una escuela como la romántica. Un dejo de nostalgia por nada preciso. Cierto gusto por los atardeceres. Un quedarse mirando el fuego de la chimenea. Prácticamente, nada.

Ahora está en su casa. Todo limpio, ordenado y de buen gusto. Atardece. Amanda, por favor, recuerde que se trata de una ceremonia. Muy bien. Ha encendido dos velas en su peinador. Bravo. Por supuesto que no escucha como afuera el viento despoja los árboles, ¡si viera!, las hojas corren como en una competencia hacia el sur. Ahora ha colocado una silla al lado del closet. Se sube a ella. Abre el maletero, pero ni sus aristocráticos brazos alcanzarían a llegar allá, detrás de las maletas grises de polvo. Sí, sáquelas. Con calma. Tome ese gancho de ropa y así. Eso es. Ahí está la caja de bombones que le parecía tan bonita. Vuelva a subir las maletas y cierre. Eso. Coloque la caja sobre el peinador. Siéntese frente a ella. Ceremonia es ceremonia. Qué grata es la luz de las velas, una a cada lado de la cajita. Mírela. El momento se aproxima. ¿Qué? ¿No tiene la llave? No se acuerda. A cualquiera se la doy. Tantos años y tan pequeñita la condenada. Seguramente ya no existe. Sí, claro, con esas tijeras basta y sobra. ¡Trac! ¿Ve? Y se acabó el problema. Un candadito de muñecas. Ahora respire hondo porque va a levantar con sus manos ligeramente sucias de polvo la tapa del cajoncito. Ya está. He ahí las fotos. Sí. Véalas. No se esfuerce por evitar esa detención del aire en sus pulmones, pues esas cosas ... ¿Qué? ¿Cómo? No. No hay detención del aire. Usted sigue respirando igual. ¡Qué le parece! Y usted que creía que se iba a morir. ¿Sorprendida porque las lágrimas no acuden? Su corazón ... ¿no?, tampoco palpita fuertemente. Nada de eso. Está sorprendida y aliviada. Ahora coge una

widersprechen scheinen. Etwas kann ja zurückbleiben, wenn man eine romantische Schule durchmacht. Ein Hauch von Sehnsucht nach etwas Unbestimmten. Eine Vorliebe für die Dämmerstunde. Ein Verweilen am Kaminfeuer. Also: so gut wie nichts.

Jetzt sind Sie zu Hause. Alles sauber, ordentlich und geschmackvoll. Es dämmert. Amanda, denken Sie bitte daran, dass es sich um eine Zeremonie handelt. Sehr gut. Sie haben zwei Kerzen auf Ihrem Frisiertisch angezündet. Bravo. Natürlich hören Sie nicht, wie draußen der Wind die Bäume entkleidet. Wenn Sie es sähen! Die Blätter eilen wie in einem Wettlauf nach Süden. Jetzt haben Sie einen Stuhl vor den Kleiderschrank gestellt. Sie klettern darauf. Sie öffnen das Kofferfach, doch nicht einmal Ihre aristokratischen Arme würden bis dorthin reichen, bis hinter die grauverstaubten Koffer. Ja, holen Sie sie heraus. Ganz ruhig. Nehmen Sie den Kleiderbügel – ja, so. Genau. Da steht die Konfektschachtel, die Sie so hübsch fanden. Legen Sie die Koffer wieder hoch und schließen Sie zu. So ist's gut. Stellen Sie die Schachtel auf den Frisiertisch. Setzen Sie sich davor. Zeremonie ist Zeremonie. Wie angenehm ist doch das Licht der Kerzen, eine zu jeder Seite der kleinen Schachtel. Schauen Sie sie an. Der Augenblick naht. Was? Sie haben keinen Schlüssel? Sie erinnern sich nicht. Ich kann ihn irgend jemandem gegeben haben. So viele Jahre, und so winzig der verflixte Schlüssel. Wahrscheinlich gibt es ihn nicht mehr. Ja, sicher, mit dieser Schere geht es ebenso gut. Klack! Sehen Sie? Das Problem ist gelöst. Ein kleines Puppenschloss. Atmen Sie jetzt tief ein, weil Sie mit Ihren etwas staubigen Händen den Deckel des Schächtelchens heben werden. Gut so. Hier sind die Aufnahmen. Ja. Schauen Sie sie an. Geben Sie sich keine Mühe zu vermeiden, dass Ihr Atem in Ihren Lungen stockt, denn diese Sachen ... Was? Wie? Nein. Es gibt keinen Luftmangel. Sie atmen weiter genau wie zuvor. Was sagen Sie nun? Und Sie dachten, Sie würden sterben. Erstaunt, dass keine Tränen kommen? Ihr Herz, nicht wahr, klopft auch nicht heftig. Keine Spur. Sie sind erstaunt und erleichtert. Jetzt nehmen

instantánea y la acerca a la luz vacilante. El reencuentro, Amanda. Al cabo de tantos años vuelve a enfrentarse con él. Claro, en la memoria, las siluetas se hacen vagas, los rostros pierden sus facciones. Pero en la foto está todo intacto. La mira. Respira acompasadamente. Se siente como si despertara, ¿no es cierto? Sus ojos, Amanda, son los mismos de antes, el oculista se lo dijo. Está contemplando las mismas imágenes que viera en aquel entonces, no han cambiado, el revelado fue excelente. Lo hizo ese laboratorio de nombre alemán, ¿se acuerda? Ese es, pues, el rostro definitivo y auténtico de Ricardo, sus gestos, sus ademanes y contorsiones. ¿Se acuerda de lo que pensó aquella vez? El cuerpo es un símbolo del alma. Ya, se acuerda. La mirada, el modo de inclinar la cabeza, la postura de las manos, todo representa el alma. Obsérvelas. Una por una. Son exactamente las fotos de aquella vez. Ricardo definitivo y verdadero. Es su rostro desnudo y concreto, real. Pero . . . es de no creer, Amanda, ahora no le gusta. ¿Pero cómo? Que ese mentón le parece débil y egoísta, que la primera foto es la de un ser irritado, crispado, que apenas contiene el ataque de furia cuando usted lo sorprendió en el patio lleno de hojas. Que esas manos largas son de ladrón. La nariz es petulante. Y no me diga que esa sonrisa forzada, perdonavidas, no va con esa mirada falsa de maître d'hôtel. Mire esa otra donde está encorvado, los dedos en garra, parece un ave de rapiña. Pero usted está tranquila, serena, sin rubor, mientras descubre el alma más recóndita y secreta de ese joven. Allí están los vericuetos más íntimos de ese ser ahora indefenso, sin posibilidad de escabullirse en la risa o en el brusco cambio a una conversación excitante o en el súbito beso que para todo eso era un mago.
¿En qué piensa, Amanda? ¿En que nunca se ha- 16
bía detenido a considerar que Ricardo en todas sus 17

Sie ein Bild und bringen es an das flackernde Licht. Das Wiedersehen, Amanda. Nach all den Jahren stehen Sie ihm wieder gegenüber. Klar, in der Erinnerung verschwimmen die Umrisse, die Gesichter verlieren ihre Züge. Aber auf dem Lichtbild bleibt alles erhalten. Sie sehen es sich an. Sie atmen ruhig. Es kommt Ihnen vor, als erwachten Sie, nicht wahr? Ihre Augen sind so scharf wie früher, der Augenarzt hat es Ihnen gesagt. Sie blicken auf dieselben Bilder von damals, die haben sich nicht verändert, die wurden hervorragend entwickelt. Es war dieses Labor mit dem deutschen Namen, erinnern Sie sich? Das also ist das endgültige, wahre Gesicht von Ricardo, das sind seine Gesten, seine Bewegungen und Verdrehungen. Erinnern Sie sich, was Sie damals dachten? Der Körper ist ein Symbol der Seele. Ja, Sie erinnern sich. Der Blick, die Art den Kopf zu neigen, die Haltung der Hände, alles spiegelt die Seele wider. Schauen Sie sie gut an. Eins nach dem andern. Es sind genau die Bilder von damals. Der endgültige, echte Ricardo. Es ist sein nacktes, wirkliches, wahres Gesicht. Aber ... es ist nicht zu glauben, Amanda, jetzt gefällt es Ihnen nicht. Aber wieso? Weil dieses Kinn Ihnen schwach und selbstsüchtig vorkommt, weil das erste Bild einen gereizten, verkrampften Menschen zeigt, der kaum seinen Wutanfall zügeln kann, wenn Sie ihn in dem Hof voller Laub überraschen. Weil seine langen Hände die Hände eines Diebes sind. Die Nase ist hochmütig. Und sagen Sie mir nicht, dass dieses gekünstelte, wichtigtuerische Lächeln nicht zu diesem falschen Blick eines Maître d'Hôtel passt. Sehen Sie dieses andere, auf dem er sich bückt, die Finger wie Klauen, er sieht aus wie ein Raubvogel. Aber Sie bleiben ruhig und gelassen und erröten nicht, während Sie die tiefsten Geheimnisse der Seele dieses jungen Mannes enthüllen. Hier offenbaren sich die intimsten Winkel des jetzt wehrlosen Menschen, ohne die Möglichkeit, mit einem Lachen oder mit dem plötzlichen Beginn eines anregenden Gesprächs oder mit einem unerwarteten Kuss auszuweichen – in all diesen Dingen war er ein Zauberer. Woran denken Sie, Amanda? Dass es Ihnen nie auffiel, dass Ricardo Ihnen bei keinem

visitas, jamás le trajo un regalo? Un caramelo, por ejemplo, o un disco. Usted le hacía kuchen, galletas, hasta una torta. Sí, claro, le traía discos, pero le advertía que tuviera cuidado con rayarlos, y se los llevaba el mismo día. ¡Y cómo se había reído cuando pronunció mal una palabra! Mire esa otra, vea esos ojos fríos de avaro, ese cuerpo tenso, consumido por la codicia. ¡Y se iban a casar! El jamás le habló claramente de su trabajo o si estudiaba, ¿se acuerda, Amanda? ¿Se acuerda cómo él le preguntaba a usted sobre sus estudios, si la casa era realmente suya, que cuánto ganaría? Se acuerda. ¿Qué tal esa foto? Fíjese en ese cinismo mientras usted le frota su nariz en la mejilla flaca y huesuda. Pero mire, Amanda, como coge tres bombones de una vez fingiendo bromear, pero él lleva la cuenta de los chocolatines que usted ha comido. Usted no ha olvidado que fue usted quien los compró. Siempre adquiría chocolate para esperarlo. A usted le agradaba asociar el olor y el gusto del chocolate con Ricardo. Es que él jamás la sacó a ninguna parte. Nunca. El venía a su casa tres o cuatro veces a la semana. Tomaban té, escuchaban música, mimoseaban, él le hablaba de unos viajes que había hecho ¿adónde? Ahora cae en la cuenta de que Ricardo siempre se marchaba antes del anochecer, digamos a las siete de la tarde. Ahí está, fue la última foto, en el umbral, riéndose solo, no con usted, fíjese, sus ojos no la miran a usted, no, se está riendo y no la está mirando. Qué le parece. Y usted que durante veinte años no quiso traicionar su recuerdo ni siquiera con el pensamiento. Se unirían en el cielo de las románticas. El la esperaría en el más allá.

¿Pero qué hace ahora? Está guardando todo en esa caja de bombones otra vez. ¿La va a volver a tirar al fondo del maletero?

seiner Besuche jemals ein Geschenk mitbrachte? Ein Bonbon zum Beispiel, oder eine Schallplatte. Sie backten ihm Kuchen, Kekse, sogar eine Torte. Ja, Platten brachte er schon mit, aber er ermahnte Sie, vorsichtig damit umzugehen, damit sie nicht verkratzt würden, und er nahm sie am gleichen Tag wieder mit. Und wie er gelacht hatte, wenn Sie ein Wort falsch aussprachen! Betrachten Sie dieses andere Bild, sehen Sie diese kalten Augen eines Geizhalses, diesen angespannten, von Habsucht verzehrten Körper. Und Sie beide wollten heiraten! Nie hat er mit Ihnen klar über seine Arbeit gesprochen, oder ob er studierte, erinnern Sie sich, Amanda? Wissen Sie noch, wie er Sie nach Ihren Studien fragte, und ob das Haus wirklich Ihnen gehörte, und wieviel Sie verdienten? Sie erinnern sich. Und dieses Bild? Achten Sie auf diesen schamlos spöttischen Ausdruck, während Sie Ihre Nase an seiner dünnen, knochigen Wange reiben. Aber sehen Sie, Amanda, wie er drei Bonbons auf einmal nimmt und so tut, als wäre es ein Scherz, er jedoch passt genau auf, wie viele Pralinen Sie essen. Sie haben nicht vergessen, dass Sie es waren, die sie gekauft hatten. Sie sorgten immer für Schokolade, wenn Sie ihn erwarteten. Ihnen gefiel es, den Geruch und den Geschmack der Schokolade mit Ricardo zu verbinden. Und nie hat er Sie irgendwohin eingeladen. Niemals. Er kam drei, viermal in der Woche zu Ihnen. Sie tranken Tee, hörten Musik, schmusten, er erzählte Ihnen von seinen Reisen. Wohin war er gereist? Jetzt fällt Ihnen auf, dass Ricardo immer vor Einbruch der Dunkelheit wegging, so gegen sieben Uhr abends. Hier ist es, es war das letzte Bild, an der Türschwelle, er lacht vor sich hin, nicht mit Ihnen, schauen Sie: Seine Augen blicken nicht zu Ihnen hin, nein, er lacht und sieht Sie nicht an. Wie finden Sie das? Und Sie, die zwanzig Jahre lang seinem Andenken nicht untreu werden wollten, nicht einmal in Gedanken. Sie würden sich im Himmel der Romantiker vereinen. Er würde Sie im Jenseits erwarten.

Aber, was tun Sie denn jetzt? Sie legen ja alles in die Konfektschachtel zurück. Werden Sie sie wieder hinten in das Kofferfach werfen?

Se dirige a su relumbrante cocina. Abre la puerta a su querido patio. ¡Amanda! Ha tirado la caja al tarro de la basura. Y, por supuesto, no se ha dado cuenta de que está comenzando a llover, porque ahora camina hacia el jardín y abre la reja. ¿Va a salir a la calle, Amanda? La lluvia le moja el pelo. No se ha puesto siquiera uno de esos impermeables ingleses tan bonitos que usted tiene. Está algo oscuro. Mejor, así no me la ven caminando así, agachada e insegura. La lluvia le está echando a perder el peinado, el vestido, su chal tan elegante. ¿Qué quiere hacer en ese quiosco? Amanda, ha comprado un chocolate. Qué me dice. Después de tanto tiempo.

Ahí va llorando y mascando chocolate con la boca llena por esa calle solitaria. Mire como le corre la saliva enchocolatada por la comisura de los labios, por toda la boca, mezclándose con sus lágrimas y con esa lluvia que se hace cada vez más fuerte. Ahora parece usted una trapera. Ninguna revista de modas se interesaría por esa imagen. ¡Y tan bién que se veía usted esta mañana, Amanda!

Sie begeben sich in Ihre blitzsaubere Küche. Sie öffnen die Tür zu Ihrem geliebten Hof. Amanda! Sie haben die Schachtel in den Mülleimer geworfen. Und natürlich haben Sie nicht gemerkt, dass es angefangen hat zu regnen, denn jetzt gehen Sie in den Garten und öffnen das Tor. Werden Sie auf die Straße gehen, Amanda? Ihr Haar wird vom Regen nass werden. Sie haben sich nicht einmal einen der hübschen englischen Regenmäntel übergezogen, die Sie besitzen. Es ist schon etwas dunkel. Um so besser, so sieht man nicht, wie gebeugt und unsicher Sie gehen. Der Regen verdirbt Ihre Frisur, Ihr Kleid, Ihren eleganten Schal. Was wollen Sie denn an dem Kiosk? Amanda, sie haben Schokolade gekauft. Was sagen Sie dazu. Nach so langer Zeit.

Da gehen Sie nun weinend durch die einsame Straße, mit vollem Mund Schokolade kauend. Schauen Sie, wie Ihnen der Schokoladenspeichel an den Mundwinkeln herunterläuft, am ganzen Mund, sich mit den Tränen vermischt und mit dem Regen, der immer stärker wird. Jetzt sehen Sie aus wie eine Lumpensammlerin. Keine Modezeitschrift würde sich für dieses Bild interessieren. Und wie gut haben Sie heute morgen ausgesehen, Amanda!

Antonio Skármeta
Mira dónde va el lobo

Y sí, me acuerdo, capitán-capitán; un día retozón, de maíces maduros y altas espigas. ¿Y el cielo? Terso, amplio, le raspaba a uno en la garganta. Día bueno para otear pájaros, interrumpir con una hierba el paso de las hormigas; cerrar los ojos, abrirlos, marearse de luz, de los golpes de las pestañas, y si uno lo quería no costaba olivdarse de los juegos de bochas, pero con piedras. Del espacio, de ese rincón hondo y fresco, no he tenido olvidos. Ni de la chicha, ni de la cara de las sementeras, ni de la acequia que partía el trazado, tan delgadamente. Y era diciembre de ese año de Dios, y si otros raspaban las manos y el polvo de oro les quebraba las uñas, Alonso de Torres no tenía ilusiones.

Me placía escuchar a los soldados y a los escribanos añorar Castilla. Nunca tuve lengua larga, pero el vino de esas noches templadas ponía, al menos, obsequiosas las orejas. Se planeaban cosas lindas en el yunque del herrero. Había que ver los anchos cuellos de los militares doblarse nostálgicos sobre la fragua mientras los anaconcillas reían en grupos lejanos apretando el maíz tierno hasta brotarle jugo. La guardia se nos unía por el segundo brindis y mojaban los labios en ese líquido áspero y negro que guardábamos en barriles. Hacía planes Marín (más de mil pesos para comerciar sedas), y Pinel adelgazaba; pero si el fin del día nos llegaba ajado y soñoliento, las noches de coloquio nos prendían llamas en las pupilas, los sueños nos mojaban los pómulos; (alhajar las hijas para casarlas con hidalgos; que el viento corre y las mujeres en este siglo maduran tempraneras). A veces el sol reventaba por ahí por las montañas, y entonces cesaban los sueños, las voces palide-

Antonio Skármeta
Siehe, wohin der Wolf geht

Ja gewiss, ich erinnere mich, Capitán-Capitán; ein fröhlicher Tag, die Maiskolben reif und die Ähren hoch. Und der Himmel? Wolkenlos, weit, es kratzte einem im Hals. Ein guter Tag, um Vögel zu beobachten, um mit einem Grashalm den Weg der Ameisen zu versperren, um die Augen zu schließen, sie zu öffnen, vom Licht, vom Flattern der Wimpern trunken zu werden, und wenn man wollte, war es nicht schwer, die Bocciaspiele – aber mit Steinen – zu vergessen. Die Weite und diese tiefe frische Stelle habe ich nicht vergessen. Auch nicht die Chicha, den Maisbranntwein, noch den Anblick der Saatfelder, noch den Bewässerungsgraben, der so zart das Land teilte. Es war Dezember in jenem Jahr des Herrn, und wenn andere sich die Hände zerkratzten und der Goldstaub ihre Nägel brüchig machte – Alonso de Torres machte sich keine Hoffnungen.

Es gefiel mir, den Soldaten und den Schreibern zuzuhören, wenn sie sehnsüchtig von Kastilien sprachen. Ich war nie geschwätzig, doch der Wein ließ mich in diesen lauen Nächten zumindest aufmerksam die Ohren spitzen. Schöne Dinge plante man über dem Amboss des Schmieds. Man musste sie sehen, die feisten Nacken der Soldaten, die sich sehnsüchtig über die Esse beugten, während weiter entfernt Gruppen von Indio-Arbeitern lachten und den zarten Mais drückten, bis der Saft hervorspritzte. Die Wache gesellte sich zum zweiten Trinkspruch zu uns, und befeuchtete die Lippen mit dieser herben, schwarzen Flüssigkeit, die wir in Fässern aufbewahrten. Marín machte Pläne (über tausend Pesos, um mit Seidenstoffen zu handeln), und Pinel magerte ab, doch wenn uns das Ende des Tages kraftlos und übermüdet erreichte, ließen die Plaudernächte unsere Pupillen aufleuchten, und Träume machten unsere Wangen feucht (die Töchter zu schmücken, um sie mit Edelleuten zu verheiraten, denn der Wind weht schnell dahin, und die Frauen dieses Jahrhunderts reifen früh). Manchmal ging die Sonne platzend auf, dort über den Bergen, dann

decían y se iban piel adentro, y éramos sólo tres o cuatro, y nos mirábamos y decíamos ¿te acuerdas? Nos amanecía de pollos cantando, de trote de caballos, de mesetas de piedras, de silencio de la tierra misteriosa y de luz violeta, y de cuclillas en el fuego muriendo, capitán-capitán.

Y ese día ni siquiera conversábamos. Cinco años entre pocas caras son capaces de fatigar los labios; nos conocemos el olor, el futuro, el nervio preciso para saltar la rabia. De día nos evitábamos; yo no tenía ilusiones, pero sabía compartir un silencio. Me había acostumbrado a las piedras, a poner el mejor lado al viento, a reír más fuerte de lo necesario. Era en las noches cuando sabíamos sorprendernos, Gaspar de Villarroel con sus dientes grandes, una canción de Diego de Oro, Vicencio de Monte con sus sonetos. Así es la noche para los animales: buscan el fuego, se acurrucan, se arrullan y se mienten. Triunfan. Luego habrá mucho día para instaurar el equilibrio, grandes montañas para consagrar la derrota, toda clase de pájaros para quedarlos mirando. Yo lo sabía, capitán-capitán; yo sabía lo que era la muerte, en el estómago, en el cuello, en las almuerzas de trigo que desayunábamos, en las acequias sabía que ésta era la tierra de nuestra muerte. Otros preferirían España, yo, no sé cómo decirlo, no tenía ilusiones. Quizá galopar un día hasta Valparaíso, tender una cuerda para tentar a los peces, bañarme en esos mares de los que casi no tenía recuerdo. Y ese viernes era de aire deleitoso, y temprano en la tarde, con un pedazo de luna asomándose difusamente, vi apoyado en ese árbol, en ese rincón que recuerdo, a Juan Pinel, envuelto en su capa haciéndome señas. Pensé que quería leerme una de sus cartas; siempre escribía
largas cartas como si alguna vez fuese a partir un 24
barco que las llevara. Hoy lo veo corriendo, so- 25

erloschen die Träume, die Stimmen werden leiser und gingen unter die Haut; wir waren nur drei oder vier und wir sahen uns an und sagten: erinnerst du dich? Der Morgen kam, und mit ihm das Gegacker der Hühner, das Getrappel der Pferde, die steinigen Hochebenen, das Schweigen des geheimnisvollen Landes mit seinem violetten Licht, und wir hockten um das ausgehende Feuer, Capitán-Capitán.

An jenem Tag unterhielten wir uns nicht einmal. Fünf Jahre unter wenigen Menschen können die Lippen ermüden; wir kennen unseren Geruch, unsere Zukunft und den Punkt, wo einer wütend wird. Tagsüber gingen wir uns aus dem Weg; ich machte mir keine Hoffnungen, aber ich wusste ihr Schweigen zu teilen. Ich hatte mich an die Steine gewöhnt, daran, dem Wind die beste Seite entgegenzuhalten, lauter zu lachen als nötig. Nachts verstanden wir es, uns zu überraschen, Gaspar de Villarroel mit seinen großen Zähnen, ein Lied von Diego de Oro, Vicencio de Monte mit seinen Sonetten. So ist die Nacht für die Tiere: sie suchen das Feuer, kauern sich zusammen, lullen sich ein, machen sich was vor. Sie frohlocken. Später wird es einen langen Tag geben, um das Gleichgewicht herzustellen, große Berge, um die Niederlage zu rechtfertigen, alle Arten Vögel, um sie in Ruhe zu beobachten. Ich wusste es, Capitán-Capitán; ich wusste, was der Tod war, im Magen, im Hals, in den Weizenrationen unseres Frühstücks, in den Wassergräben – ich wusste, dass dies das Land unseres Todes war. Andere mögen Spanien vorgezogen haben, ich – ich weiß nicht, wie ich es sagen soll – machte mir keine Hoffnungen. Vielleicht eines Tages nach Valparaiso galoppieren, eine Leine auswerfen, um die Fische anzulocken, in den Meeren baden, an die ich mich kaum noch erinnerte. An jenem Freitag war die Luft köstlich und am frühen Nachmittag, als ein Stückchen Mond verschwommen hervorkam, sah ich Juan Pinel an einen Baum gelehnt, an der Stelle, die ich noch weiß. Eingehüllt in seinen Umhang machte er mir Zeichen. Ich dachte, er wolle mir einen seiner Briefe vorlesen; immer schrieb er lange Briefe, als ob jemals ein Schiff abfahren würde, das sie mitnähme. Heute sehe ich ihn vor mir, wie er

focado y a tropezones en los pliegues de la capa, con el sol encendiéndole los pómulos.

– Alonso – me dijo. Vamos pronto a la casa del gobernador.

Me doblé sobre las rodillas de mala gana. Todos iban corriendo hacia el centro desde los muros del cercado.

–¿Qué pasa?

– El Gobernador ha dado permiso a quien quiera para abandonar la tierra en el «Santiago».

Yo no soy hombre de maniobrar brusco. Necesito de tiempo para imaginar lo que me dicen. Mis respuestas tardan y a veces celebro una broma dicha en grupo en el silencio solitario de mi tienda. Por lo demás tengo algo de estas piedras (viejos amigos en España y una madre viuda). Tal vez por eso no le di importancia. Nos fuimos caminando y Pinel se abrazaba a mí y tosiendo, con la agitación, casi trotaba. Lo cogí de un brazo; sabía que ese hombre estaba enfermo.

En el patio de don Pedro no faltaba nadie. Incluso a los atalayas se les notaba curiosos con el rostro hacia la plaza. Vicios de don Pedro tanto cuidado. Los indios ahora servían las vetas de oro, hacían la siembra y sudaban entre soles en el tiempo de recolección. Me gustaba ver esos campos radiantes, las hanegas de trigo, y abril y mayo cuando se cogen los maíces. Todo lo habíamos hecho con un par de almuerzas. Eran días en que se cenaban gallinas, carne de cochinillos, frescos huevos de casi un centenar de pollas. Si no hubiera habido esa reunión aquel día de diciembre yo me hubiese olvidado de España. No eran los tiempos estériles del cuarenta y uno en que se mordían almácigos y cebolletas tostados en arena caliente, y se mordía la simiente menuda como avena y no
se pelaba el trigo por no perder el jugo, y las indias
eran capaces de morderte la yugular cuando las

lief, nach Luft schnappend und über die Falten des Umhangs stolpernd, in der Sonne, die seine Wangen glühen ließ.

«Alonso», sagte er zu mir, «gehen wir schnell zum Haus des Statthalters.»

Unwillig stützte ich mich auf die Knie. Alle rannten von den Mauern des Geländes zum Zentrum hin.

«Was ist los?»

«Der Statthalter hat allen, die es wünschen, Erlaubnis gegeben, das Land an Bord der ‹Santiago› zu verlassen.»

Ich bin kein Mann, der überstürzt handelt. Ich brauche Zeit, um das zu überdenken, was man mir sagt. Meine Antworten kommen langsam, und manchmal lache ich über einen Witz, der in der Gruppe erzählt wurde, erst in der stillen Einsamkeit meines Zeltes. Außerdem habe ich etwas von diesem steinigen Land (alte Freunde in Spanien und eine verwitwete Mutter). Vielleicht maß ich ihm deshalb keine Bedeutung bei. Wir begaben uns auf den Weg, und Pinel umarmte mich und hustete vor Aufregung, fast rannte er. Ich nahm seinen Arm, ich wusste, dass der Mann krank war.

Niemand fehlte im Hof des Don Pedro. Sogar die Wachen waren neugierig und schauten zum Platz hin. Schlechte Angewohnheit von Don Pedro, so vorsichtig zu sein. Die Indios dienten jetzt in den Goldminen, brachten die Saat in die Erde und schwitzten während der Erntezeit von morgens bis abends. Ich blickte gern auf diese strahlenden Felder, die Weizenäcker und den Mais, wenn er im April und Mai eingebracht wird. All das hatten wir mit wenig zu Essen geschaffen. Jetzt waren die Tage, an denen es abends Hähnchen und Ferkel und frische Eier von den fast hundert Hennen gab. Wäre nicht damals im Dezember dieses Treffen gewesen, hätte ich Spanien vergessen. Es waren nicht die unfruchtbaren Zeiten des Jahres '41, wenn man Mastix und im heißen Sand gebackene Zwiebeln kaut, kleine Samenkörner wie Hafer isst und den Weizen nicht schält, um den Saft nicht zu verlieren, und die Indio-Frauen imstande sind, einem die Kehle durchzubeißen, wenn man sie nimmt – Jofré hat immer noch Spuren von Eckzähnen,

montabas, y Jofré lleva aún la marca de unos colmillos aunque la india murió podrida en lo hondo de la acequia. Meses holgados éstos; si querías oro, raspabas tu parte en la mina con los anaconcillas; si no tenías ilusiones, podías alejarte sin peligro entre las vetas de los cerros e inventar música en la trompeta. Yo te lo digo, capitán-capitán; a un hombre sabio que ha matado su esperanza, hacérsela renacer es matarlo nuevamente. Pero no hablo por mi boca. Por la mujer de Pinel protesto, por las cartas de mi amigo, por los hijos de Marín, porque ni la indiada era tan traicionera.

Usted quiere mi franqueza y la mano limipia. Déjeme que desentrabe la lengua en este tinto que la rabia me crece como si fuera otra vez diciembre.

Fue el mismo Gobernador quien habló. Estaba sonriente. Dijo que podríamos comprar pasajes en el «Santiago», embarcar nuestros oros, y ya en el Perú no sería difícil partir a España. El machaje se calentó, se les había ido la memoria de las proclamaciones de ese mismo hombre de que nadie abandonaría la tierra antes de su muerte. Sólo los favoritos no alzaron la mano. Claro que tenían para sí las encomiendas, dotes de indios, asiento en la mesa del mismo don Pedro. Pinel mantuvo la mano en alto casi toda la tarde; si alguien se acercaba a burlarse, decía: esta mano para la rubia Isabel, esta mano para Juana, y se mordía las muñecas, y se tendía en la tierra con el pulso en el corazón probando de frenar sus saltos.

Y ahí prendió la fiesta. Se soltaron los vinos amarrados a los años, el chancho fue a las brasas, yo puse la música desde temprano en la tarde, y Núñez me acompañó en la guitarra. Las carcajadas fueron creciendo como una lluvia, se enronquecieron las gargantas, Pinel siempre buscando un
rincón para llorar dulcemente. Hasta don Pedro 28
vino celebrando con sus favoritos desde la plaza. 29

wenn auch die Indio-Frau in einem tiefen Wassergraben verreckt ist ... Üppige Monate waren es! Wolltest du Gold, kratztest du deinen Anteil mit den Indio-Arbeitern in der Mine ab; wenn es aussichtslos war, konntest du dich ohne Gefahr entfernen und zwischen den Goldadern der Hügel auf der Trompete Musik erfinden. Ich sage dir, Capitán-Capitán: wenn ein weiser Mann seine Hoffnung begraben hat und man sie wieder weckt, dann heißt das, ihn erneut zu töten. Doch ich spreche nicht für mich. Für Pinels Frau setze ich mich ein, für die Briefe meines Freundes, für Maríns Kinder, denn nicht einmal das Indiovolk war so heimtückisch.

Sie wollen, dass ich offen und ehrlich bin. Erlauben Sie mir, dass ich meine Zunge mit diesem Rotwein löse, denn die Wut wächst in mir, als wäre es wieder Dezember.

Es war der Statthalter selber, der sprach. Er lächelte. Er sagte, wir könnten Fahrkarten für die «Santiago» kaufen, unser Gold verschiffen, und, einmal in Peru angelangt, sei es nicht schwer, nach Spanien zu kommen. Das Männervolk erhitzte sich, sie hatten die Behauptungen dieses selben Mannes vergessen, als er erklärt hatte, dass niemand vor seinem Tod das Land verlassen würde. Nur die Günstlinge hoben nicht die Hand. Klar, sie hatten ja die Ländereien, eine Anzahl von Indios, sogar den Platz am Tisch des Don Pedro höchst persönlich. Pinel hielt fast den ganzen Nachmittag die Hand hoch; wenn sich jemand näherte, um ihn zu verspotten, sagte er: Diese Hand ist für die blonde Isabel, diese Hand für Juana – und er biss sich in die Handgelenke und legte sich mit klopfendem Herzen auf den Boden und versuchte, seine Sprünge zu bändigen.

Und dann begann das Fest. Es flossen die Weine, die jahrelang geruht hatten, das Schwein kam auf die Kohlenglut, ich sorgte schon früh am Nachmittag für Musik und Nuñez begleitete mich auf der Gitarre. Das Gelächter verstärkte sich wie Regen, die Stimmen wurden heiser, Pinel immer auf der Suche nach einem Winkel, wo er leise weinen konnte. Sogar Don Pedro und seine Günstlinge kamen von der Plaza, um zu feiern.

Don Pedro tuvo que acortar la fiesta; se desperdició mucha madera en los fuegos y los vigías delataron grupos de indios curiosos rondando el fuerte. Me dispuse a partir en la madrugada. ¿Para qué dormir? Cuando comienzo con la música las melodías no acaban. Si la tropa aplaude, me siguen como gaviotas hambrientas, me dan en la cabeza, oigo toda la semana sonar orfeones. Ni siquiera me uní a la pandilla que salió a correr el campo. Y eso que las hembras me gustaban, el olor de sus senos, la piel quebrada en los nudillos, la cadera que se desataba como un potro si tus dedos se sabían hacer los tiernos. Nunca me pasó como a los otros que fornicaban con asco. Más de una noche partí el azúcar, el pan y el lecho con una de esas mujeres silenciosas en mi carpa. Una vez hablé a una de ellas. Le hablé en español y la perra parecía entender y sonrió desnuda comiendo un plato de frejoles a la luz de la hoguera. Si quiere que lo ponga claro, no tenía nada que celebrar. Para eso bastaban los astros de esta tierra y la noche, revuelta de brisas y de tantas clases de silencios, y las montañas de los Andes. Esa era mi consagración y mi despedida. Acatar el rumbo sin alardes, sin música, sin palabras. Yo no le miento si le digo que esa noche dormí con el cuello en la tierra para oír como llegaba la mañana. Uno escucha la luz de estas montañas, capitán-capitán.

Partí el primero a Valparaíso. Até las camisas al lomo de mi mula y me fui cruzando sin prisa las mesetas. Por una última vez quería saborear el viento matutino, presentir a los viejos compañeros de España, trazar en la mente el dibujo de los empedrados de Madrid. Apareció de neblinas ese sábado y al borde de la más lejana levantada de la tierra me detuve para saludar con el brazo los gritos de los atalayas. En cuanto cogía planicies tiraba a trotar, y la mula soltaba el bofe y se ponía

Don Pedro musste das Fest abbrechen: man verschwendete zu viel Holz fürs Feuer, und die Wächter entdeckten Gruppen neugieriger Indios rund um die Festung. Ich bereitete mich vor, im Morgengrauen aufzubrechen. Wozu schlafen? Wenn ich mit der Musik anfange, hören die Melodien nicht auf. Wenn die Truppe Beifall spendet, folgen sie mir wie hungrige Möwen, klingen im Kopf weiter, höre ich die ganze Woche Chöre ertönen. Ich ging nicht einmal mit der Bande, die draußen auf dem Land herumtobte. Und das, obwohl die Weiber mir gefielen, der Duft ihrer Brüste, die faltige Haut der Knöchel, die Hüfte, die sich zügellos wie ein Fohlen bewegte, wenn deine Finger es verstanden, zärtlich zu sein. Nie erging es mir wie den anderen, die mit Ekel hurten. Mehr als einmal teilte ich des Nachts den Zucker, das Brot und das Lager mit einer dieser schweigsamen Frauen in meinem Zelt. Einmal sprach ich zu einer. Ich sprach zu ihr auf Spanisch, und die Hure schien zu verstehen, und nackt wie sie war lächelte sie, während sie beim Schein des Feuers einen Teller Bohnen aß. Wenn Sie wollen, sage ich es ganz klar, ich hatte keinen Grund zum Feiern. Dafür genügten die Sterne dieser Erde und die Nacht mit ihrem Durcheinander der Brisen und so vieler Arten von Stille und die Berge der Anden. Das war meine Bestätigung und mein Abschied. Die Richtung einhalten, ohne Prahlerei, ohne Musik, ohne Worte. Ich lüge nicht, wenn ich Ihnen sage, dass ich jene Nacht mit dem Hals am Boden schlief, um das Kommen des Morgens zu hören. Man hört das Licht dieser Berge, Capitán-Capitán.

Ich ging als erster nach Valparaiso. Ich band die Hemden auf den Rücken meines Maultiers und kreuzte ohne Eile die Hochebenen. Ich wollte zum letzten Mal den Morgenwind auskosten, die alten Kameraden aus Spanien erahnen, im Kopf das Muster des Madrider Kopfsteinpflasters nachzeichnen. Jener Sonnabend kam nebelig zum Vorschein, und am Rand der entferntesten Erderhebung hielt ich an, um mit dem Arm die rufenden Wächter zu grüßen. Sobald ich das Flachland erreichte, begann ich zu traben und das Maultier fiel atemlos in Galopp, und die Indios traten

galopona, y los indios se corrían mansitos cuando le olfateaban el tranco. Nunca creí que vería otra vez el mar. Durante la destrucción de Santiago agarré una lanza en la pierna y pensé que la fiebre iba a matarme. Una mujer me ató los calzones al muslo y antes del desmayo creí ver el mar desvanecerse. No este Pacífico que estamos mirando, sino ese mar potente y luminoso de la costa de África donde había tenido la infancia. Y en mi sueño el mar se daba de vueltas, se ponía bronco, pasaba por sobre mi nuca, cubría de espumas el cielo; y oía la voz de mi padre echándome el aliento contra las orejas: «señal que te mueres, Alonso; reza ahora, reza.» Por eso, porque había por todo el espacio ese océano verdoso e inmóvil, y mis pulmones aspiraban tan limpiamente el aire, apreté la medalla de Santiago entre mis dedos y bajé a la playa rezando, pero no por temor a la muerte, sino por estar tan fuerte, tan solitario y contento, y con tanta hambre.

No demoré en atisbar el bajel meciéndose frente a los roqueríos del Cabo Santo. La tripulación se asomó y le hice gestos que dentro de un rato iría a cubierta. Desenredé mi atado, até la mula a una piedra, y busqué una buena roca por donde tirar el lienzo. Ese era un buen anzuelo, capitán-capitán. Lo habíamos redondeado a punta de machete en la fragua y pasaba las noches de insomnio o los turnos de guardia afilándolo despacioso contra un trozo de metal áspero. Hasta el cebo era de primera. Fragorosos trozos de piure que soltaban un chorro cuando le hundías la navaja buscando el corazón de la carne. Una hora pasé advirtiendo la sal impregnarse en mi barba. Una hora tirada sin que nadie osase perturbar el vuelo equilibrado de los pájaros. Y aunque los peces le huían al anzuelo como al mismo diablo, no me importaba. Ya tendría ocasión de probar las

brav zur Seite, wenn sie das Getrappel witterten. Ich hatte nie gedacht, das Meer wiederzusehen. Während der Zerstörung von Santiago wurde mein Bein von einer Lanze durchbohrt und ich dachte, dass mich das Fieber umbringen würde. Eine Frau verband meinen Schenkel mit der Hose, und bevor ich ohnmächtig wurde, schien es mir, dass das Meer verschwand. Nicht der Stille Ozean, den wir gerade sehen, sondern das starke, hell leuchtende Meer der afrikanischen Küste, wo ich meine Kindheit verbrachte. In meinem Traum wühlte sich das Meer auf, wurde wild, spülte über meinen Nacken hinweg, bedeckte den Himmel mit Schaum; und ich hörte die Stimme meines Vaters, spürte seinen Atem an den Ohren: «Ein Zeichen, dass du stirbst, Alonso; bete jetzt, bete.» Deshalb, weil es überall diesen grünlichen, unerschütterlichen Ozean gab und meine Lungen so sauber die Luft einatmeten, drückte ich die Finger um die Medaille des heiligen Jakobus und ging betend zum Strand hinunter, aber nicht aus Angt vor dem Tod, sondern weil ich so stark war, so einsam und zufrieden und hungrig.

Sehr bald erspähte ich das Schiff, das vor den Felsen von Cabo Santo schaukelte. Die Besatzung erschien und ich machte ihr Zeichen, dass ich in einer Weile an Deck käme. Ich löste mein Bündel, band das Maultier an einen Stein und suchte einen schönen Felsen von dem ich die Angelschnur werfen konnte. Es war ein guter Angelhaken, Capitán-Capitán. Wir hatten ihn mit der Machete über der Esse gerundet, und in meinen schlaflosen Nächten oder während der Wache hatte ich ihn nach und nach an einem rauhen Metallstück gespitzt. Sogar der Köder war erstklassig. Saftige Stücke von der Piure, aus denen ein Strahl hervorschoss, wenn man mit dem Taschenmesser hineinstach, um das Herz des Fleisches zu suchen. Eine Stunde verbrachte ich und bemerkte, wie das Salz meinen Bart durchdrang. Eine lange Stunde, ohne dass es jemand gewagt hätte, den ruhigen Flug der Vögel zu stören. Und obgleich die Fische vor dem Köder die Flucht ergriffen wie vor dem leibhaftigen Teufel, machte ich mir nichts daraus. Ich würde schon

bondades de aquel gancho de oro en alta mar y a plenilunio. Usted ha de perdonarme que aún haga jactancia de estas cosas. Sólo un pez cayó en mi trampa, y probablemente porque era chico, torpe y bagre. Lo desenclavé con mesura y lo devolví a las aguas. Era como por el atardecer y el chorro de vino desde la bota se doró con el tono del crepúsculo en la extensión del brinco.

Y más tarde, por el filo del monte, estupendos, airosos, flotando en una lejanía inverosímil, venía cayendo el resto de los viajantes y sus capas ondulaban negras contra la textura pálida de los tierrales. Monté la mula y fuimos a recibirlos a tranco lento. Todo el camino anduve adivinando por las cabalgaduras quiénes venían delante. Pronto supe, por el alazán y el casco, que don Pedro los andaba capitaneando. De risas por el mar se traían las voces. Los zagueros apretaron las ancas de los potros y hasta los más viejos se desbandaron rodando por las arenas, y gritando «eja, aparta Alonso de Torres y tu santa madre», se desensillaban al filo del agua y los más jóvenes tiraban con todo hasta quedar cubiertos por el oleaje.

Luego por la noche sacamos las fogatas y pronto se dieron vueltas las tinajas, pero en el gaznate de la gente. Los más jóvenes, ya borrachos, tiraron los caballos a pelaje por la playa y si los potros los corcoveaban en la arena rodaban hasta el agua y luego se secaban al calor de las estrellas del verano, y de la luna, o apuraban un vino en la hoguera. Fue imprescindible que desenfundara el instrumento, y se cantó y se bailó con los pies descalzos, y los muchachos se rompían las palmas y se les hacían gruesas las venas del cuello, y Alonso de Aguilera y Bartolomé Díaz se procuraron espadas y ahí la fiesta se inflamó, y era de ver a esos dos brujos en la música de los aceros tallando su rivalidad a pura

Gelegenheit finden, die Qualitäten dieses goldenen Angelhakens auf hoher See und bei Vollmond zu erproben. Sie müssen mir verzeihen, wenn ich mit diesen Sachen auch noch prahle. Nur ein einziger Fisch ging in meine Falle, wahrscheinlich weil er ein kleiner ungeschickter Bagrewels war. Ich nahm ihn vorsichtig vom Haken und gab ihn dem Wasser zurück. Das war so gegen Abend, und der Weinstrahl aus der Lederflasche schimmerte beim Herausfließen golden im Schein des Dämmerlichts.

Und später erschienen am Rand des Berges herrlich würdevoll, wie in einer unwahrscheinlichen Ferne schwebend, die übrigen Reisenden, und ihre Umhänge flatterten schwarz gegen das blasse Gebilde der Staubwolken. Ich bestieg das Maultier, und wir gingen ihnen langsamen Schrittes entgegen. Den ganzen Weg versuchte ich anhand der Reittiere zu erraten, wer wohl die Vordersten waren. Bald erkannte ich an dem Fuchs und an dem Helm, dass Don Pedro sie anführte. Lachende Stimmen drangen zum Meer. Die Hintersten spornten die Fohlen an, ja sogar die Ältesten ritten wild im Sand umher, und indem sie riefen «He, zur Seite, Alonso de Torres und deine heilige Mutter», sattelten sie am Rand des Wassers ab, und die Jüngsten stürzten sich mit allem hinein, bis sie von den Wellen bedeckt waren.

Später in der Nacht zündeten wir die Lagerfeuer an, und bald wanderten die Krüge um, aber in die Kehle der Leute. Die Jüngsten, schon betrunken, ritten ohne Sattel am Strand entlang, und wenn die Fohlen sie im Sand abwarfen, rollten sie zum Wasser hin und ließen sich dann von der Wärme der Sommersterne und des Mondes trocknen oder tranken den Wein am Lagerfeuer aus. Es war unvermeidlich, dass ich das Instrument aus dem Futteral nahm. Und es wurde gesungen und barfuß getanzt und die Burschen klatschten wie wild und ihre Venen am Hals schwollen an. Alonso de Aguilera und Bartolomé Díaz besorgten sich Schwerter, und da flammte das Fest richtig auf: Man musste diese zwei Hexenmeister sehen, wie sie zur Musik des Stahles mit purer Fechterlist und Gelächter wetteiferten,

finta y carcajada, obesos en las corazas, el sudor corriéndole en las barbas, escupiendo y blasfemando como si no fueran los mejores amigos del mundo. Yo no sabía qué hechizo era más grande: si el mar reventando en espuma casi sobre nuestros hocicos, o el chasquido de las armas, o la mejor felicidad de hombres juntos que había visto en América. Yo daría este brazo, capitán-capitán, porque volviera a existir esa noche. Y luego se asomaron los del navío y los comerciantes empezaron a calcularles los belfos a los caballos, y les probaban las patas, hasta hubo quien le puso precio a mi trompeta. ¡Pero qué iba a venderla! Yo lo único que quería era hacerla brillar una noche en el mismo nudo de las aguas cuando se hubiesen diferido las velas y se navegase contra la luna a la bolina. Yo pensaba hacer de mi trompeta un pájaro, desgarrar la noche como un vientre, tan tierno, tan sólo conmigo y el viento. Quería que Pinel viese cómo era mi canción de mares, cómo volarían potentes mis pulmones cuando me nutriera de pura sal de aire y de peces frescos. Y el «Santiago» con sus velas blancas era a la distancia como una novia, como una mejor amante, como las mismas manos. Esa noche la recuerdo. Y fue bella, a mí qué me importa; es por Pinel que hablo, yo no tenía ilusiones.

Los marineros argumentaron los naipes. Se apostaba vino y tabaco, contra camisas y caballos. Uno se jugó la encomienda por una casa en Madrid, y la perdió gustoso, y yo di en el polvo con mi mula, y se me hace que esos marinos tenían el mismo diablo en las muñecas y el ángel y la maña para salvar las copas y los oros. Contra un buen casco logré procurarme a la carta mayor una botija y tiré sobre una duna a emborracharme. La soldada le pidió a don Pedro que nos diera la palabra, pero el Gobernador se puso ajeno y dijo que en el día, cuando se proveyera el matalotaje. Hasta se nos

unförmig in ihren Panzern, wie der Schweiß ihnen in die Bärte rann, wie sie spuckten und fluchten, als wären sie nicht die besten Freunde der Welt. Ich wusste nicht, was mehr bezauberte: das berstende Meer, das den Schaum fast auf unsere Münder spritzte oder das Klirren der Waffen oder die glücklichste Verbundenheit unter Männern, die ich je in Amerika gesehen habe. Ich würde diesen Arm hergeben, Capitán-Capitán, um diese Nacht noch einmal zu erleben. Und dann erschienen die vom Schiff, und die Händler begannen die Mäuler der Pferde zu schätzen und ihre Beine zu prüfen, und einer setzte sogar auf meine Trompete einen Preis. Als ob ich sie hätte verkaufen wollen! Das einzige, was ich wollte, war, sie eine Nacht auf diesem selben Wasser erstrahlen zu lassen, wenn die Segel gehisst waren und man hart am Wind dem Mond entgegenfuhr. Ich wollte meine Trompete in einen Vogel verwandeln, die Nacht wie einen Leib zerreißen, ganz sanft, allein nur mit mir und dem Wind. Ich wollte, dass Pinel sähe, wie mein Lied der Meere war und wie meine Lungen kraftvoll flogen, wenn ich mich vom reinen Salz der Luft und frischen Fischen nährte. Und die «Santiago» mit ihren weißen Segeln sah von weitem aus wie eine Braut, wie die beste aller Geliebten, wie richtige Hände. Ich erinnere mich an diese Nacht. Sie war schön, doch was kümmert es mich? Ich spreche für Pinel, ich selber machte mir keine Hoffnungen.

Die Matrosen ließen die Spielkarten reden. Man wettete mit Wein und Tabak um Hemden und Pferde. Einer verspielte seine Ländereien für ein Haus in Madrid, und verlor sie freudig; ich büßte mein Maultier ein, und ich hege den Verdacht, dass diese Matrosen den leibhaftigen Teufel im Handgelenk hatten und das Glück und die Geschicklichkeit, Herz und Schellen zu ziehen. Ich setzte einen guten Helm auf die höchste Karte und bekam dafür einen dickbäuchigen Krug; damit warf ich mich auf eine Düne und betrank mich. Die Soldaten baten Don Pedro, uns das Wort zu erteilen, doch der Statthalter vertröstete uns auf morgen, wenn der Proviant geladen würde. Don Pedro

hizo simpático don Pedro con ese modo de su silencio. Tal vez estuviéramos demasiado borrachos para calarle lo intencionado. Si se me pone como apretando la hoja de un cuchillo cuando le evoco la sonrisa y la lengua mesurada que se traía esa noche. Hasta abrazó a Pinel cuando lo vio a sus rodillas casi llorando. Mejor que ni lo hablemos.

Esta vez nos tendimos temprano. Recuerdo que la víspera de la partida se había enfiestado el machaje y que en la cabalgata a Valparaíso les habían sacado chispas a los animales. Antes de decir mis oraciones le saqué la montura a mi mula y le pedí al nuevo dueño que le diera buen trato. Después busqué una roca para quedarme pensando. Y pensé en los amigos muertos, en sus hocicos mugrientos de tierra y sangre con la lengua destripada sobre los dientes y los ojos revueltos que se los hacía tan horrible el cielo. Pensé en los agonizantes que prefirieron abandonar el lecho y defecar y orinar iracundos sobre el suelo americano, y vomitarlo, y apretarse las heridas, y hundirse las manos en los tajos como si quisieran sacarse la muerte que se les iba metiendo tan presurosa y granate. Pensé en los dos anillos y en las tres últimas cartas que guardaba en mi morral (esa para Andalucía, otra para Medinacelli, la última para la hija madrileña). Quizá tuviera que recorrer entera la patria para ir cumpliendo, pagando la palabra empeñada con los muertos. En eso pensaba cuando me pegué a la duna y vino tan plácido el sueño.

Tal vez fui el último en despertar; ya las balsas se arrimaban al bajel y la gente le daba carena y lo calafateaba, y supe que don Pedro se servía mandar que acunásemos los oros a bordo, y ayudé la mano al botero remando, y había que hacer una buena fuerza pues íbamos a barlovento y el viento le revolvía las patas a la tierra, Valparaíso se hacía polvo, y tenía apoyados mis pies sobre el cofre con

wurde uns richtig sympathisch mit seiner Art zu schweigen. Vielleicht waren wir zu betrunken, um die Absicht zu durchschauen. Fast kommt es mir vor, als drückte ich eine Messerklinge, wenn ich an sein Lächeln denke und an die gemäßigte Sprache an jenem Abend. Er umarmte sogar Pinel, als er ihn fast weinend vor seinen Knien sah. Besser wir reden nicht davon.

Diesmal legten wir uns früh nieder. Ich erinnere mich, dass die Männer am Abend vor der Abreise gefeiert hatten und dass auf dem Ritt nach Valparaiso die Tiere aufs äußerste angetrieben wurden. Bevor ich meine Gebete aufsagte, nahm ich das Reitgeschirr von meinem Maultier und bat den neuen Besitzer, das Tier gut zu behandeln. Dann suchte ich einen Felsen, um in Ruhe nachzudenken. Ich dachte an die toten Freunde, an ihre mit Blut und Erde verdreckten Münder mit der herausgerissenen Zunge auf den Zähnen und den verdrehten Augen, die der Himmel so schrecklich entstellte. Ich dachte an die Sterbenden, die es vorzogen, das Ruhebett zu verlassen, auf den amerikanischen Boden wütend den Darm zu entleeren, zu urinieren, sich zu übergeben, die Wunden zusammenzudrücken und mit den Händen in den Schnitten zu wühlen, als wollten sie sich den Tod herausreißen, der sich so schnell und granatrot in sie hineinfraß. Ich dachte an die zwei Ringe und die drei letzten Briefe, die ich in meinem Ranzen verwahrte (den für Andalusien, den anderen für Medinacelli, den letzten für die Tochter in Madrid). Vielleicht müßte ich das ganze Vaterland durchlaufen, um meine Pflicht zu erfüllen, um das den Toten gegebene Wort zu halten. An all das dachte ich, als ich mich an die Düne lehnte und sanft der Schlaf kam.

Vielleicht war ich der letzte, der aufwachte. Schon näherten sich die Flöße dem Schiff, und die Leute reparierten sie und dichteten sie ab. Ich erfuhr, dass Don Pedro befohlen hatte, das Gold an Bord zu bringen. Ich half dem Bootsmann rudern; man musste sich sehr anstrengen, denn wir kämpften gegen den Wind. Der Wind wühlte die Erde auf, Valparaiso war eine Staubwolke, und ich hatte meine Füße auf eine Kiste mit genau zweitausendeinhundertfünf-

exactos dos mil ciento cincuenta pesos. Finalmente juntamos los dineros en un estanco a la borda y por primera vez nos vimos los dientes los dieciséis que viajábamos. Lo recuerdo porque conté tres manos y yo era el dedo que faltaba. Cada hombre sobre sus bultos y maletas bien cargadas esperó que viniese el Gobernador a darles la palabra. Pero ahora no reían. Estaban silenciosos como un presentimiento, se mordían las uñas, acicalaban los flecos de las camisas sudorosas y mal planchadas. Ninguno de éstos había gastado un peso en calzas ni jubones para no desremediar las familias en España. Estaban inmundos y contentos.

Pero era cosa mía o algo se tramaba en el aire; o eran quizá los graznidos de los pájaros, o las sombras en que se doblaba el viento, o el sol tan amarillo astillándose en los aparejos de la popa. Le dije que soy hombre de escasas palabras. También sé cómo callar un pálpito aunque sea profundo el aguijón que te hace en las rodillas. Cuando vino don Pedro, lo acompañaba el bueno de Villagra, y el Juan de Cárdenas, el cielo se haya apiadado de él si ha muerto. El gobernador revoloteó las manos como si fueran aves que se le volaran. Tocó el hombro de González Marmolejo, puñeteó amistoso el ombligo de Guillermo de la Rocha, habló más bonito y floreado que el mismo Vicencio de Monte. Cuando dijo eso de las luchas e infortunios que habíamos pasado juntos, hasta el ojo se le había puesto sincero. Las manos se le hicieron blandas y calientes como las de un sacerdote en el momento que pidió que veláramos por su fama ante el rey. Y luego, cuando nos estremeció a todos de los corazones y los brazos, nos trajo al ala de un gesto hasta el babor y mostró riendo qué buena mesa, colmada de manjares, vino y caldo de peces, se nos había dispuesto. Era una reivindicación por esos meses de hambre en que nuestras imaginaciones

zig Pesos gestützt. Schließlich legten wir das ganze Geld in eine wasserdichte Kiste an die Reling, und zum ersten Mal sahen wir sechzehn Reisenden uns von Angesicht zu Angesicht. Ich erinnere mich daran, denn ich zählte drei Hände und ich war der Finger, der fehlte. Jeder Mann, auf seinen Bündeln und vollgepackten Koffern, wartete auf den Statthalter, damit er ihnen das Wort erteilte. Doch jetzt lachten sie nicht. Sie schwiegen, als hätten sie eine Vorahnung, kauten an den Nägeln, strichen die Fransen der verschwitzten und schlecht gebügelten Hemden glatt. Keiner von ihnen hatte auch nur einen Peso für Hosen oder Jacken ausgegeben, um die Familien in Spanien nicht zu belasten. Sie waren verdreckt und zufrieden.

Doch vielleicht schien es nur mir so, oder irgend etwas braute sich in der Luft zusammen; oder vielleicht war es das Gekrächze der Vögel, oder die Schatten, in denen der Wind spielte, oder die so gelbe Sonne, die sich auf dem Takelwerk am Heck brach. Ich sagte Ihnen, dass ich ein wortkarger Mensch bin. Ich weiß auch, wie man eine Vorahnung verschweigt, auch wenn der Dorn tief ins Knie eindringt. Als Don Pedro kam, begleitete ihn der gute Villagra und Juan de Cárdenas, der Himmel sei ihm gnädig, falls er gestorben ist. Der Statthalter fuchtelte mit den Händen als wären es Vögel, die ihm davonflögen. Er berührte die Schulter von Gonzáles Marmolejo, knuffte freundschaftlich den Nabel von Guillermo de la Rocha und sprach schöner und blumiger als Vicencio de Monte persönlich. Als er von den Kämpfen und den Schicksalsschlägen sprach, die wir zusammen durchgemacht hatten, wurde sein Blick sogar ehrlich. Die Hände wurden ihm weich und warm wie die eines Priesters, als er uns bat, uns vor dem König für seinen guten Ruf einzusetzen. Und dann, als er unser aller Herzen und Arme berührt hatte, führte er uns mit einer Geste nach Backbord und zeigte lachend auf eine schöne Tafel, voller Leckerbissen, Wein und Fischsuppe, die man für uns gedeckt hatte. Es war eine Entschädigung für all die Hungermonate, in denen wir schon glücklich waren, wenn wir im Bett lagen und uns vorstell-

en cama eran felices si se roían huesos o pedazos de cuero. (Una vez propuse que sacrificáramos un caballo, y el gobernador escupió la respuesta en el suelo. Era para él como si quisiéramos comernos nuestras corazas y nuestras espadas.)

Así fue que colmamos los botes. En el cielo se habían hecho pedazos las nubes y el sol caía igual por todas partes, doraba la arena de la costa, enrojecía a prisa la piel fofa de los escribanos. Yo resistí con alegría; quizá tuviera el pellejo más arisco entre los conquistadores, a excepción de Bartolomé Díaz. (Si Bartolomé hubiera tenido esa mañana dagas y cuchillos en vez de lengua y dientes, los cuerpos de Valdivia y Cárdenas hubiesen sido trozados como moluscos repugnantes en el borde de la playa.) Hoy se puede hablar con calma, ¿no es cierto?, y su oreja es mi amiga. Por eso le bajo el temple y se lo digo apacible: Díaz fue honesto; lo que supo habló y así es como está escrito en los libros.

Dicen que los trompetas tienen el estómago hondo como el infierno y que los romances y los bailes los inventó el mismo diablo en Salamanca. Pero una mesa embanquetada la sé adorar tanto como a mi madre. Mejor aún cuando había peces y panes que se agigantaban por milagro. Alguien habló de hacer una loa a don Pedro y se derramaron fraternos los gestos y no hubo quien no asintiera gravemente. Yo me olvidé de mis presentimientos chupando las espinas de las tuninas y las merluzas. Para pasar el mal gusto como quien dice, busqué los fondos de los jarros, puse las botellas vacías en hilera y fui el primero en estrellarlas contra las rocas por la tierra americana. Los del bajel eran de diente amplio y si no había silencio era porque se blasfemaba con los carrillos hinchados. Al mediodía se apareció el gobernador y aceptó con la vista en las botas el brindis que le preparamos. Nos pusimos de pie

ten, an Knochen oder Lederstücken zu nagen. (Einmal schlug ich vor, ein Pferd zu opfern, und der Statthalter spuckte seine Antwort auf den Boden. Das war für ihn, als wollten wir unsere Panzer und unsere Schwerter aufessen.)

So drängten wir uns also in die Boote. Am Himmel hatten sich die Wolken zerteilt, und die Sonne schien überall gleich, vergoldete den Sand an der Küste, rötete schnell die schlaffe Haut der Schreiber. Ich widerstand ihr mit Freuden; vielleicht hatte ich die gröbste Haut unter den Konquistadoren, mit Ausnahme von Bartolomé Díaz. (Hätte Bartolomé an jenem Morgen Dolche und Messer gehabt statt Zunge und Zähnen, wären die Körper von Valdivia und Cárdenas wie eklige Mollusken am Strandufer zerstückelt worden.) Heute kann man in Ruhe darüber reden, nicht wahr? Ihr Ohr ist mein Freund. Deshalb beruhige ich Sie und sage Ihnen ganz friedlich: Díaz war ehrlich, was er wusste, sagte er, und so steht es in den Büchern.

Es heißt, dass die Trompeter einen Magen so tief wie die Hölle hätten und dass der leibhaftige Teufel die Lieder und Tanzfeste in Salamanca erfunden habe. Doch für eine festliche Tafel hege ich die gleiche tiefe Verehrung wie für meine Mutter. Noch besser, wenn es Fisch gab und Brote, die wie durch ein Wunder riesig wurden. Jemand schlug vor, ein Loblied auf Don Pedro zu singen, und man übertraf sich in freundschaftlichen Gesten, und es gab keinen, der nicht ernsthaft zustimmte. Während ich die Gräten der Thunfische und Seehechte ableckte, vergaß ich meine Vorahnungen. Um den schlechten Geschmack loszuwerden, wie man so sagt, leerte ich die Krüge bis zum Boden, stellte die leeren Flaschen in eine Reihe und war der erste, der sie gegen die Felsen des amerikanischen Bodens schmetterte. Die vom Schiff hatten einen guten Appetit, und wenn es keine Ruhe gab, so lag es daran, dass mit vollen Backen geflucht wurde. Gegen Mittag erschien der Statthalter und nahm, auf die Stiefel blickend, unseren Trinkspruch entgegen, den wir für ihn vorbereitet hatten. Wir erhoben

y tras vaciar las botellas, hubo quien se enjuagó las narices, y casi todos trituramos la greda en las manos. Así éramos para ese hombre, que le dijimos en un momento, ese momento que quisiera vomitarlo de mi memoria, padre. Don Pedro soltó el casco y el sol se le enredó en el pecho y en los cabellos. Estuvimos callados mirándolo y él nos miró mirarlo. Después se fue muy quedo a la playa, como quien no quiere que le vean la lágrima. Agachamos las cabezas y escanciamos delicadamente el último trago.

Y de pronto fue Guillermo de la Rocha quien apartó la silla y estrelló los puños contra la mesa. Pinel juntó las manos como si rezara. Hernando Vallejo apretó los puños y se mordió los huesos. Todos quedamos inmóviles viendo lo que pasaba. El gobernador había cambiado el tranco nostálgico y su carrera era ahora de hembra asustada, de agua turbia, de cobarde, mirando hacia atrás y montando el bote que ya le daba a los remos.

Así nos robaron nuestro oro, capitán-capitán. Sin piedad ni hombría. Sin que importaran nuestras hijas, ni las madres, ni las labores de cinco años de soledad, ni el honor, ni la dignidad de sus nombres. Yo pensé que me iba a ahogar la cólera. Los hombres se desbandaron por la arena y gritaron al gobernador que se apiadara. Pinel seguía junto a la mesa y hablaba en voz baja como si don Pedro lo oyera. Le esgrimía argumentos, extendía los brazos para besarle las manos. Finalmente Marín alcanzó a brincar hasta el agua, y nadó y alcanzó el bote, e intentó treparlo y uno de los tripulantes le partió el remo en la cabeza y lo dejaron flotando, y el desesperado braceó de vuelta a la playa gimiendo y chorreándole la sangre. Todos estuvimos en la orilla y cuando don Pedro hizo los arrimos al bajel, desnudos, llorando, con el agua hasta la cintura, comenzamos a reír,

uns und nachdem wir die Flaschen geleert hatten, gab es manch einen, der sich schneuzte, und fast alle zerdrückten die kreidige Erde in den Händen. So waren wir für diesen Mann, den wir in einem Augenblick – diesen Augenblick, den ich aus meinem Gedächtnis herausspeien möchte – sogar Vater nannten. Don Pedro nahm den Helm ab, und die Sonne verfing sich auf seiner Brust, in seinem Haar. Schweigend sahen wir ihn an, und er sah, wie wir ihn ansahen. Dann ging er ganz langsam zum Strand, wie einer, der nicht will, dass man seine Tränen sieht. Wir senkten die Köpfe und tranken zartfühlend den letzten Schluck.

Und es war Guillermo de la Rocha, der plötzlich den Stuhl wegschob und die Fäuste auf den Tisch schmetterte. Pinel faltete die Hände wie zum Beten. Hernando Vallejo ballte die Fäuste und biss sich auf die Knochen. Wir alle blieben regungslos stehen und beobachteten, was geschah. Der Statthalter hatte seinen schweren Schritt aufgegeben und rannte jetzt los, wie ein erschrockenes Weib, wie aufgewühltes Wasser, wie ein Feigling – er sah hinter sich, während er ins Boot kletterte, in dem man bereits zu rudern begann.

So stahl man uns unser Gold, Capitán-Capitán. Ohne Mitleid oder Mannhaftigkeit. Ohne an unsere Töchter oder an die Mütter, oder an die Mühen während fünf einsamer Jahre zu denken, noch an die Ehre, an die Würde ihrer Namen. Ich dachte, ich würde vor Wut ersticken. Die Männer rannten am Strand umher und schrien dem Statthalter zu, er solle Mitleid haben. Pinel war noch immer am Tisch und sprach mit leiser Stimme, wie wenn Don Pedro ihn hören könnte. Er führte Gründe an, breitete die Arme aus, um ihm die Hände zu küssen. Schließlich schaffte es Marín, ins Wasser zu springen. Schwimmend erreichte er das Boot, versuchte hinaufzuklettern, und einer von der Besatzung zerbrach das Ruder auf seinem Kopf und sie ließen ihn im Wasser treiben, und der Verzweifelte schwamm, mit den Armen fuchtelnd, zum Strand zurück, stöhnend und blutüberströmt. Wir standen alle am Ufer, und als Don Pedro sich dem Schiff näherte, begannen wir, nackt, weinend,

como si no creyéramos la risa, como si todo fuese un mal sueño, un error de los astros, una broma de esa luz que empezaba a perder sombra y se ponía tiesa como un cuchillo y nos incendiaba las orejas. Entonces, capitán-capitán, esto quiere su merced que yo le cuente, trepé a un grupo de rocas cercanas, desestribé de un puñetazo la trompeta, y quemándome los labios en el bronce hirviente de la embocadura, la hice aullar partiéndome los dientes, como un perro en celo, como un puma, como la más dolida bestia del mundo, con ese romance que todos cantaban, ése que tiene esas palabras que usted recuerda: cata, cata do va el lobo, Juanica. Ochenta mil dorados cosechó el gobernador. En buenas cuentas seremos gentes sin importancia: un escribano ya viejo, un trompeta sin ilusiones, un hidrópico hediondo a estiércol y barro, unos pocos comerciantes. Entonces, para que el éxito de Valdivia fuera completo, para que no quedara más nada en la curva azulada de este espacio, dejé de soplar y quebré en dos trozos de bronce la trompeta. Desnudos, de infantería, desabridos, sudorosos, como robados de franceses echamos a caminar a Santiago.

Y en una semana la horca se nutrió de muchas cabezas. La de Pero Sánchez fue privilegiada; la pusieron a secar sobre un estoque en la plaza. Para mí todo fue perfecto. Tal vez lo único malo fue que una mañana de neblina, en la casa de Luis de Cartagena, Pinel se ahorcara.

– Pero usted, Torres, no declaró contra el gobernador en ningún proceso.

El trompeta hizo vibrar la sexta de la guitarra.

– Es que yo nunca tuve ilusiones, capitán. Por eso.

mit dem Wasser bis zur Taille, zu lachen, so als glaubten wir dem Lachen nicht, so als ob alles nur ein schlechter Traum gewesen sei, ein Irrtum der Sterne. Ein Scherz des Lichtes, das jetzt begann, an Schatten zu verlieren und hart wurde wie ein Messer und uns die Ohren versengte. Und dann, Capitán-Capitán, das will Euer Gnaden, dass ich es Ihnen erzähle, erklomm ich eine naheliegende Felsengruppe, riss mit einem Faustschlag die Trompete hervor, und indem ich mir die Lippen an dem heißen bronzenen Mundstück verbrannte und die Zähne zerbrach, ließ ich sie aufheulen wie einen läufigen Hund, wie einen Puma, wie das schmerzerfüllteste Tier der Welt, mit diesem Lied, das alle sangen, das Lied mit den Worten, an die Sie sich erinnern: «Siehe, siehe, wohin der Wolf geht, Juanica.» Achtzigtausend Goldstücke erntete der Statthalter. Letzten Endes mögen wir unwichtige Leute sein: ein bereits alter Schreiber, ein Trompeter ohne Hoffnungen, ein nach Kot und Dreck stinkender Wassersüchtiger, ein paar Händler. Und dann, damit Valdivias Erfolg ein vollständiger war, damit gar nichts in der bläulichen Kurve dieses Ortes blieb, hörte ich auf zu blasen, und brach die Trompete in zwei Bronzestücke. Nackt, zu Fuß, verbittert, verschwitzt, wie von Franzosen ausgeraubt, begannen wir den Marsch nach Santiago.

Und in einer Woche rollten am Galgen viele Köpfe. Der von Pedro Sánchez nahm eine Sonderstellung ein: Man spießte ihn zum Trocknen auf einen Degenstock auf dem Platz. Für mich war alles in Ordnung. Das einzig Schlechte war vielleicht, dass an einem nebligen Morgen Pinel sich im Haus von Luis de Cartagena erhängte.

«Aber Sie, Torres, Sie haben in keinem Prozess gegen den Statthalter ausgesagt.»

Der Trompeter ließ die tiefste Seite der Gitarre erklingen.

«Weil ich mir nie Hoffnungen gemacht habe, Capitán. Darum.»

Isabel Allende

El oro de Tomás Vargas

Antes de que empezara la pelotera descomunal del progreso, quienes tenían algunos ahorros los enterraban; era la única forma conocida de guardar dinero, pero más tarde la gente les tomó confianza a los bancos. Cuando hicieron la carretera y fue más fácil llegar en autobús a la ciudad, cambiaron sus monedas de oro y de plata por papeles pintados y los metieron en cajas fuertes, como si fueran tesoros. Tomás Vargas se burlaba de ellos a carcajadas, porque nunca creyó en ese sistema. El tiempo le dio la razón y cuando se acabó el gobierno del Benefactor – que duró como treinta años, según dicen – los billetes no valían nada y muchos terminaron pegados de adorno en las paredes, como infame recordatorio del candor de sus dueños. Mientras todos los demás escribían cartas al nuevo Presidente y a los periódicos para quejarse de la estafa colectiva de las nuevas monedas, Tomás Vargas tenía sus morocotas de oro en un entierro seguro, aunque eso no atenuó sus hábitos de avaro y de pordiosero. Era hombre sin decencia, pedía dinero prestado sin intención de devolverlo, y mantenía a los hijos con hambre y a la mujer en harapos, mientras él usaba sombreros de pelo de guama y fumaba cigarros de caballero. Ni siquiera pagaba la cuota de la escuela, sus seis hijos legítimos se educaron gratis porque la Maestra Inés decidió que mientras ella estuviera en su sano juicio y con fuerzas para trabajar, ningún niño del pueblo se quedaría sin saber leer. La edad no le quitó lo pendenciero, bebedor y mujeriego. Tenía a mucha honra ser el más macho de la región, como pregonaba en la plaza cada vez que la borrachera le hacía perder el entendimiento y anunciar a todo pulmón los nombres de las muchachas que había seducido y de

Isabel Allende
Das Gold von Tomás Vargas

Bevor der große Krakeel mit dem Fortschritt anfing, pflegte jeder, der ein bisschen was gespart hatte, es einzugraben, das war die einzige Art, Geld aufzubewahren, die die Leute kannten. Später jedoch fassten sie Vertrauen zu den Banken. Als die Autostraße gebaut war und man mit dem Bus leichter in die Stadt kam, wechselten sie ihre Gold- und Silbermünzen gegen gedrucktes Papier ein und legten es in Geldkassetten, als wäre es ein Schatz. Tomás Vargas wollte sich darüber totlachen, an dieses System glaubte er einfach nicht. Die Zeit gab ihm recht, denn als die Herrschaft des Großen Wohltäters zu Ende war – sie hatte etwa dreißig Jahre gedauert –, da waren die Scheine nichts mehr wert, und viele klebten schließlich als Verzierung an den Wänden, zum schmählichen Gedenken an die Einfalt ihrer Besitzer. Während alle übrigen Briefe an den neuen Präsidenten und an die Zeitungen schrieben und sich über den Massenbetrug mit dem neuen Geld beklagten, verwahrte Tomás Vargas seine Goldstücke in einem sicheren Grab, was allerdings seinen Geiz ebensowenig milderte wie seine Schnorrerallüren. Er war ein Mensch ohne Anstand, er pumpte sich Geld, ohne die Absicht, es zurückzugeben, und ließ seine Kinder hungern und seine Frau in Lumpen gehen, während er selbst Hüte aus Lamahaar trug und Kavalierszigarren rauchte. Er zahlte nicht einmal das Schulgeld, seine sechs ehelichen Kinder wurden kostenlos unterrichtet, weil die Lehrerin Inés entschied, solange sie noch ihren gesunden Verstand und genug Kraft zum Arbeiten hatte, sollte kein Kind des Dorfes ein Analphabet bleiben. Auch im Alter war Tomás Vargas noch immer ein Streithahn, Säufer und Weiberheld. Er war stolz darauf, der größte Macho der Gegend zu sein, wie er auf dem Platz öffentlich ausposaunte, wenn sich im Rausch sein Verstand vernebelte und er aus vollem Halse die Namen der Mädchen verkündete, die er verführt hatte, und die unehelichen Bälger nannte, die mit seinem Blut in den Adern herumliefen. Wenn man ihm

los bastardos que llevaban su sangre. Si fueran a creerle, tuvo como trescientos, porque en cada arrebato daba nombres diferentes. Los policías se lo llevaron varias veces y el Teniente en persona le propinó unos cuantos planazos en las nalgas, para ver si se le regeneraba el carácter, pero eso no dio más resultados que las amonestaciones del cura. En verdad sólo respetaba a Riad Halabí, el dueño del almacén; por eso los vecinos recurrían a él cuando sospechaban que se le había pasado la mano con la disipación y estaba zurrando a su mujer o a sus hijos. En esas ocasiones el árabe abandonaba el mostrador con tanta prisa que no se acordaba de cerrar la tienda, y se presentaba, sofocado de disgusto justiciero, a poner orden en el rancho de los Vargas. No tenía necesidad de decir mucho, al viejo le bastaba verlo aparecer para tranquilizarse. Riad Halabí era el único capaz de avergonzar a ese bellaco.

Antonia Sierra, la mujer de Vargas, era veintiséis años menor que él. Al llegar a la cuarentena ya estaba muy gastada, casi no le quedaban dientes sanos en la boca y su aguerrido cuerpo de mulata se había deformado por el trabajo, los partos y los abortos; sin embargo aún conservaba la huella de su pasada arrogancia, una manera de caminar con la cabeza bien erguida y la cintura quebrada, un resabio de antigua belleza, un tremendo orgullo que paraba en seco cualquier intento de tenerle lástima. Apenas le alcanzaban las horas para cumplir su día, proque además de atender a sus hijos y ocuparse del huerto y las gallinas ganaba unos pesos cocinando el almuerzo de los policías, lavando ropa ajena y limpiando la escuela. A veces andaba con el cuerpo sembrado de magullones azules y, aunque nadie preguntaba, todo Agua Santa sabía de las palizas propinadas por su marido. Sólo Riad Halabí y la Maestra Inés se atrevían a hacerle regalos discretos, buscando

glauben wollte, hatte er an die dreihundert, denn bei jedem derartigen Ausbruch brüllte er andere Namen. Die Polizei führte ihn mehrmals ab, und der Teniente selbst verpasste ihm ein paar Hiebe mit der flachen Klinge aufs Gesäß, um zu sehen, ob sich sein Charakter nicht auffrischen ließe, aber das brachte nicht mehr Wirkung als die Ermahnungen des Pfarrers. Im Grunde respektierte er nur Riad Halabí, den Ladenbesitzer, und den riefen deshalb auch die Nachbarn, wenn sie den Verdacht hatten, dass ihm vor lauter Wohlleben die Hand ausgerutscht war und er seine Frau und seine Kinder prügelte. In solchen Fällen verließ der Araber seinen Ladentisch so eilig, dass er nicht einmal daran dachte, die Tür abzuschließen, und erschien, außer Atem vor gerechtem Unwillen, im Haus der Vargas, um Ordnung zu schaffen. Er brauchte aber nicht viel zu sagen, dem Alten genügte es, ihn kommen zu sehen, um friedlich zu werden. Riad Halabí als einziger war imstande, diesen alten Strolch zu beschämen.

Antonia Sierra, Vargas' Frau, war sechsundzwanzig Jahre jünger als er. Mit vierzig war sie schon sehr verbraucht, hatte kaum noch einen gesunden Zahn im Mund, und ihr abgehärteter Mulattenkörper war von der Arbeit, den Geburten und den Fehlgeburten außer Form geraten, doch bewahrte sie noch Spuren ihres früheren Selbstbewusstseins, eine Art, mit hocherhobenem Kopf und geradem Kreuz zu gehen, einen Hauch ehemaliger Schönheit und einen ungeheuren Stolz, der jeden Versuch erstickte, sie etwa zu bemitleiden. Die Stunden reichten ihr kaum, ihr Tagwerk zu erledigen, denn sie hatte nicht nur ihre Kinder zu versorgen und sich um den Garten und die Hühner zu kümmern, sie verdiente sich auch ein paar Pesos, indem sie das Essen für die Polizisten kochte, fremder Leute Wäsche wusch und in der Schule saubermachte. Bisweilen war ihr Körper von blauen Flecken übersät, und wenn auch niemand fragte, wusste doch ganz Agua Santa, dass ihr Mann sie wieder geschlagen hatte. Nur Riad Halabí und die Lehrerin Inés getrauten sich, ihr heimlich und unter Entschuldigungen, um sie nicht zu kränken, dies und jenes zu schenken –

excusas para no ofenderla, algo de ropa, alimentos, cuadernos y vitaminas para sus niños.

Muchas humillaciones tuvo que soportar Antonia Sierra de su marido, incluso que le impusiera una concubina en su propia casa.

Concha Díaz llegó a Agua Santa a bordo de uno de los camiones de la Compañia de Petróleos, tan desconsolada y lamentable como un espectro. El chofer se compadeció al verla descalza en el camino, con su atado a la espalda y su barriga de mujer preñada. Al cruzar la aldea, los camiones se detenían en el almacén, por eso Riad Halabí fue el primero en enterarse del asunto. La vio aparecer en su puerta y por la forma en que dejó caer su bulto ante el mostrador se dio cuenta al punto de que no estaba de paso: esa muchacha venía a quedarse. Era muy joven, morena y de baja estatura, con una mata compacta de pelo crespo desteñido por el sol, donde parecía no haber entrado un peine en mucho tiempo. Como siempre hacía con los visitantes, Riad Halabí le ofreció a Concha una silla y un refresco de piña y se dispuso a escuchar el recuento de sus aventuras o sus desgrcias, pero la muchacha hablaba poco, se limitaba a sonarse la nariz con los dedos, la vista clavada en el suelo, las lágrimas cayéndole sin apuro por las mejillas y una retahíla de reproches brotándole entre los dientes. Por fin el árabe logró entenderle que quería ver a Tomás Vargas y mandó a buscarlo a la taberna. Lo esperó en la puerta y apenas lo tuvo por delante lo cogió por un brazo y lo encaró con la forastera, sin darle tiempo de reponerse del susto.

– La joven dice que el bebé es tuyo – dijo Riad Halabí con ese tono suave que usaba cuando estaba indignado.

– Eso no se puede probar, turco. Siempre se

etwas Kleidung, Nahrungsmittel, Hefte und Obstsäfte für die Kinder.

Viele Demütigungen musste Antonia Sierra von ihrem Mann hinnehmen, aber die schlimmste war wohl die, dass er ihr in ihrem eigenen Haus eine Nebenfrau aufzwang.

Concha Díaz kam mit einem der Lastwagen der Erdölgesellschaft nach Agua Santa, und sie sah so kläglich und bejammernswert aus wie ein Gespenst. Der Fahrer hatte sich ihrer erbarmt, als er sie barfuß am Straßenrand stehen sah mit ihrem Bündel über der Schulter und dem dicken Bauch der Schwangeren. Wenn die Lastwagen durch das Dorf fuhren, hielten sie immer beim Laden an, daher war Riad Halabí der erste, der von der Sache erfuhr. Er sah sie durch die Tür treten, und an der Art, wie sie ihren Packen vor dem Ladentisch fallen ließ, wurde ihm sofort klar, dass sie nicht auf der Durchreise war, dieses Mädchen war gekommen, um Klage zu erheben. Sie war sehr jung, braun, kleinwüchsig, mit einem dichten Schopf krauser, in der Sonne verschossener Haare, durch die offenbar schon lange kein Kamm mehr gefahren war. Wie Riad Halabí es bei allen Besuchern tat, bot er ihr einen Stuhl und einen Ananassaft an und machte sich bereit, der Aufzählung ihrer Abenteuer oder Missgeschicke zuzuhören, aber das Mädchen beschränkte sich vorläufig darauf, sich schniefend die Nase mit den Fingern abzuwischen und beharrlich zu Boden zu blicken, während ihr die Tränen sacht die Wangen hinabrannen, aber dann endlich brach ein ganzer Schwall von Vorwürfen aus ihr heraus. Erst nach und nach gelang es dem Araber zu verstehen, dass sie Tomás Vargas sprechen wollte, und er schickte auch sogleich nach ihm, der natürlich in der Kneipe saß. Er erwartete ihn in der Tür, packte ihn beim Arm und zog ihn vor die Fremde, ohne ihm Zeit zu lassen, sich von dem Schreck zu erholen.

«Das junge Mädchen sagt, das Baby ist von dir!» Riad Halabí sprach in jenem besonders leisen Ton, den er anschlug, wenn er empört war.

«Das kann sie nicht beweisen, Araber. Wer die Mutter

sabe quién es la madre, pero del padre nunca hay seguridad – replicó el otro confundido, pero con ánimo suficiente para esbozar un guiño de picardía que nadie apreció.

Esta vez la mujer se echó a llorar con entusiasmo, mascullando que no habría viajado de tan lejos si no supiera quién era el padre. Riad Halabí le dijo a Vargas que si no le daba vergüenza, tenía edad para ser abuelo de la muchacha, y si pensaba que otra vez el pueblo iba a sacar la cara por sus pecados estaba en un error, qué se había imaginado, pero cuando el llanto de la joven fue en aumento, agregó lo que todos sabían que diría.

– Está bien, niña, cálmate. Puedes quedarte en mi casa por un tiempo, al menos hasta el nacimiento de la criatura.

Concha Díaz comenzó a sollozar más fuerte y manifestó que no viviría en ninguna parte, sólo con Tomás Vargas, porque para eso había venido. El aire se detuvo en el almacén, se hizo un silencio muy largo, sólo se oían los ventiladores en el techo y el moquilleo de la mujer, sin que nadie se atreviera a decirle que el viejo era casado y tenía seis chiquillos. Por fin Vargas cogió el bulto de la viajera y la ayudó a ponerse de pie.

– Muy bien, Conchita, si eso es lo que quieres, no hay más que hablar. Nos vamos para mi casa ahora mismo – dijo.

Así fue como al volver de su trabajo Antonia Sierra encontró a otra mujer descansando en su hamaca y por primera vez el orgullo no le alcanzó para disimular sus sentimientos. Sus insultos rodaron por la calle principal y el eco llegó hasta la plaza y se metió en todas las casas, anunciando que Concha Díaz era una rata inmunda y que Antonia Sierra le haría la vida imposible hasta devolverla al arroyo de donde nunca debió salir, que si creía que sus hijos iban a vivir bajo el

ist, das weiss man immer, aber über den Vater kann man sich nie sicher sein», erwiderte Vargas zwar verdattert, aber dreist genug, sich ein leichtes durchtriebenes Zwinkern zu erlauben, das keiner zu würdigen bereit war.

Nun begann die junge Frau mit Hingabe zu weinen und schluchzte, sie wäre nicht so weit gereist, wenn sie nicht genau wüsste, wer der Vater sei. Riad Halabí fragte Vargas, ob er sich nicht schäme, er sei alt genug, um der Großvater des Mädchens zu sein, und wenn er denke, das Dorf werde wieder einmal für seine Sünden einstehen, dann irre er sich, und was stelle er sich überhaupt vor, aber als das Geheul des Mädchens immer lauter wurde, fügte er das hinzu, was alle schon vorausgesehen hatten.

«Ist ja gut, Kind, beruhige dich», sagte er. «Du kannst eine Zeitlang in meinem Haus bleiben, zumindest bis zur Geburt des Kleinen.»

Doch Concha Díaz schluchzte noch wütender und erklärte, sie werde nirgendwo bleiben außer bei Tomás Vargas, deshalb sei sie schließlich gekommen. Der ganze Laden hielt den Atem an, eine lang andauernde Stille trat ein, man hörte nur die Ventilatoren an der Decke und das Schniefen des Mädchens, und keiner wagte ihr zu sagen, dass der Alte verheiratet war und sechs Kinder hatte. Endlich packte Vargas das Bündel der Reisenden und half ihr aufstehen.

«In Ordnung, Conchita, wenn du das willst, gibt es nichts mehr zu reden. Wir gehen sofort zu mir nach Hause», sagte er.

So kam es, dass Antonia Sierra, als sie von ihrer Arbeit heimkehrte, eine andere Frau in ihrer Hängematte schlafend vorfand, und zum ersten Mal schaffte ihr Stolz es nicht, ihre Gefühle zu verbergen. Ihre Schmähungen flogen über die Hauptstraße, das Echo drang bis auf den Platz und in alle Häuser und verkündete, Concha Díaz sei eine schmutzige Ratte und Antonia Sierra werde ihr das Leben unmöglich machen, bis sie sie in die Gosse zurückgeschickt habe, aus der sie nie hätte herauskommen dürfen, und wenn sie glaube, ihre Kinder würden mit einer scham-

mismo techo con una rabipelada se llevaría una sorpresa, porque ella no era ninguna palurda, y a su marido más le valía andarse con cuidado, porque ella había aguantado mucho sufrimiento y mucha decepción, todo en nombre de sus hijos, pobres inocentes, pero ya estaba bueno, ahora todos iban a ver quién era Antonia Sierra. La rabieta le duró una semana, al cabo de la cual los gritos se tornaron en un continuo murmullo y perdió el último vestigio de su belleza; ya no le quedaba ni la manera de caminar, se arrastraba como una perra apaleada. Los vecinos intentaron explicarle que todo ese lío no era culpa de Concha, síno de Vargas, pero ella no estaba dispuesta a escuchar consejos de templanza o de justicia.

La vida en el rancho de esa familia nunca había sido agradable, pero con la llegada de la concubina se convirtio en un tormento sin tregua. Antonia pasaba las noches acurrucada en la cama de sus hijos, escupiendo maldiciones, mientras al lado roncaba su marido abrazado a la muchacha. Apenas asomaba el sol Antonia debía levantarse, preparar el café y amasar las arepas, mandar a los chiquillos a la escuela, cuidar el huerto, cocinar para los policías, lavar y planchar. Se ocupaba de todas esas tareas como una autómata, mientras del alma le destilaba un rosario de amarguras. Como se negaba a darle comida a su marido, Concha se encargó de hacerlo cuando la otra salía, para no encontrarse con ella ante el fogón de la cocina. Era tanto el odio de Antonia Sierra, que algunos en el pueblo creyeron que acabaría matando a su rival y fueron a pedirle a Riad Halabí y a la Maestra Inés que intervinieran antes de que fuera tarde.

Sin embargo, las cosas no sucedieron de esa manera. Al cabo de dos meses la barriga de Concha parecía una calabaza, se le habían hinchado tanto las piernas que estaban a punto de reventársele las

losen Hündin unter einem Dach wohnen, dann werde sie eine Überraschung erleben, denn sie, Antonia, sei doch nicht blöde, und ihr Mann solle nur lieber sehr vorsichtig sein, denn sie habe viel Leid und Enttäuschung heruntergeschluckt, alles der Kinder wegen, der armen Unschuldslämmer, aber nun sei Schluss, nun würden alle sehen, wer Antonia Sierra war. Die große, laute Wut hielt eine Woche an, danach wurde aus dem Geschrei ein ständiges leises Murren. Antonia Sierra verlor die letzte Spur ihrer Schönheit, ihr verblieb nicht einmal der gerade Gang, sie schleppte sich wie ein geprügelter Hund. Die Nachbarn versuchten ihr klarzumachen, dass diese ganze schmutzige Angelegenheit nicht Conchas, sondern Vargas' Schuld sei, aber sie war nicht dazu aufgelegt, sich Ratschläge zur Mäßigung oder Gerechtigkeit anzuhören.

Das Leben im Haus dieser Familie war noch nie erfreulich gewesen, aber mit der Ankunft der Nebenfrau hatte es sich in ein Unwetter ohne Ruhepause verwandelt. Antonia verbrachte die Nacht, Verwünschungen ausstoßend, zusammengekauert im Bett ihrer Kinder, während nebenan ihr Mann mit dem Mädchen im Arm schnarchte. Kaum zeigte sich die Sonne, musste sie aufstehen, Kaffee kochen und Maisbrötchen backen, die Kinder zur Schule schicken, sich um Garten und Hühner kümmern, für die Polizisten kochen und danach waschen und bügeln. Sie erledigte all diese Arbeiten wie ein Automat, während ihre Seele unablässig von Bitterkeit überströmte. Da sie sich weigerte, ihrem Mann zu essen zu geben, übernahm Concha das, aber erst, wenn die andere aus dem Haus war, um nicht mit ihr vor dem Küchenherd zusammenzustoßen. So groß war Antonia Sierras Hass, dass einige Leute im Dorf fürchteten, sie werde am Ende ihre Nebenbuhlerin umbringen, und Riad Halabí und die Lehrerin Inés baten, sie möchten doch einschreiten, ehe es zu spät sei.

Jedoch, die Dinge entwickelten sich ganz anders. Nach zwei Monaten glich Conchas Bauch einem Kürbis, ihre Beine waren so geschwollen, dass die Venen zu platzen drohten, und sie weinte unaufhörlich, weil sie sich so allein

venas, y lloraba continuamente porque se sentía sola y asustada. Tomás Vargas se cansó de tanta lágrima y decidió ir a su casa sólo a dormir. Ya no fue necesario que las mujeres hicieran turnos para cocinar, Concha perdió el último incentivo para vestirse y se quedó echada en la hamaca mirando el techo, sin ánimo ni para colarse un café. Antonia la ignoró todo el primer día, pero en la noche le mandó un plato de sopa y un vaso de leche caliente con uno de los niños, para que no dijeran que ella dejaba morirse a nadie de hambre bajo su techo. La rutina se repitió y a los pocos días Concha se levantó para comer con los demás. Antonia fingía no verla, pero al menos dejó de lanzar insultos al aire cada vez que la otra pasaba cerca. Poco a poco la derrotó la lástima. Cuando vio que la muchacha estaba cada día más delgada, un pobre espantapájaros con un vientre descomunal y unas ojeras profundas, empezó a matar sus gallinas una por una para darle caldo, y apenas se le acabaron las aves hizo lo que nunca había hecho hasta entonces, fue a pedirle ayuda a Riad Halabí.

– Seis hijos he tenido y varios nacimientos malogrados, pero nunca he visto a nadie enfermarse tanto de preñez – explicó ruborizada –. Está en los huesos, turco, no alcanza a tragarse la comida y ya la está vomitando. No es que a mí me importe, no tengo nada que ver con eso, pero ¿qué le voy a decir a su madre si se me muere? No quiero que me vengan a pedir cuentas después.

Riad Halabí llevó a la enferma en su camioneta al hospital y Antonia los acompañó. Volvieron con una bolsa de píldoras de diferentes colores y un vestido nuevo para Concha, porque el suyo ya no le bajaba de la cintura. La desgracia de la otra mujer forzó a Antonia Sierra a revivir retazos en su juventud, de su primer embarazo y de las mismas violencias que ella soportó. Deseaba, a

und verängstigt fühlte. Tomás Vargas hatte die ewigen Tränen satt und beschloss, nur noch zum Schlafen nach Hause zu gehen. Nun war es nicht mehr nötig, dass die Frauen sich beim Kochen abwechselten, Concha verlor den letzten Ansporn, sich anzuziehen, lag den ganzen Tag in der Hängematte und starrte an die Decke, sie hatte nicht mal Lust, sich einen Kaffee aufzubrühen. Antonia übersah sie den ganzen ersten Tag, aber am Abend schickte sie ihr mit einem der Kinder einen Teller Suppe und ein Glas heiße Milch, damit keiner sagen konnte, sie lasse in ihrem Haus jemanden verhungern. Der Vorgang wiederholte sich ein paarmal, und nach kurzer Zeit stand Concha auf, um mit den anderen zu essen. Antonia tat, als sähe sie sie nicht, aber sie hörte immerhin auf, jedesmal Beleidigungen vor sich hinzumurmeln, wenn die andere in ihre Nähe kam. Es dauerte nicht lange, und das Mitleid hatte sie besiegt. Als sie sah, dass das Mädchen täglich dünner wurde, eine armselige Vogelscheuche mit einem ungeheuren Bauch und tiefen Ringen unter den Augen, fing sie an, ihre Hühner zu schlachten, eins nach dem andern, um ihr Suppe zu kochen, und als ihr die Vögel ausgingen, tat sie etwas, was sie bisher noch nie getan hatte, sie ging zu Riad Halabí um Hilfe bitten.

«Sechs Kinder hab ich gehabt und mehrere Fehlgeburten, aber nie hab ich jemanden gesehn, der von der Schwangerschaft so krank wird», sagte sie errötend. «Sie ist nur noch Haut und Knochen, Araber, sie kriegt das Essen nicht herunter und bricht es gleich wieder aus. Mich geht's ja nichts an, ich hab damit überhaupt nichts zu tun, aber was soll ich ihrer Mutter sagen, wenn sie mir stirbt? Ich möchte nicht, dass später einer kommt und von mir Rechenschaft verlangt.»

Riad Halabí fuhr die Kranke in seinem Lieferwagen ins Krankenhaus, und Antonia begleitete sie. Sie kehrten mit einer Tüte voller verschiedenfarbiger Pillen und mit einem neuen Kleid für Concha zurück, denn das ihre ging ihr nicht mehr über den Bauch. Das Unglück der anderen Frau brachte Antonia dazu, Szenen aus ihrer eigenen Jugend wieder aufleben zu lassen, die Erinnerung an ihre erste Schwangerschaft und an die Gewalttätigkeiten, die sie erlitten hatte.

pesar suyo, que el futuro de Concha Díaz no fuera tan funesto como el propio. Ya no le tenía rabia, sino una callada compasión, y empezó a tratarla como a una hija descarriada, con una autoridad brusca que apenas lograba ocultar su ternura. La joven estaba aterrada al ver las perniciosas transformaciones de su cuerpo, esa deformidad que aumentaba sin control, esa vergüenza de andarse orinando de a poco y de caminar como un ganso, esa repulsión incontrolable y esas ganas de morirse. Algunos días despertaba muy enferma y no podía salir de la cama, entonces Antonia turnaba a los niños para cuidarla mientras ella partía a cumplir con su trabajo a las carreras, para regresar remprano a atenderla; pero en otras ocasiones Concha amanecía más animosa y cuando Antonia volvía extenuada, se encontraba con la cena lista y la casa limpia. La muchacha le servía un café y se quedaba de pie a su lado, esperando que se lo bebiera, con una mirada líquida de animal agradecido.

El niño nació en el hospital de la ciudad, porque no quiso venir al mundo y tuvieron que abrir a Concha Díaz para sacárselo. Antonia se quedó con ella ocho días, durante los cuales la Maestra Inés se ocupó de sus chiquillos. Las dos mujeres regresaron en la camioneta del almacén y todo Agua Santa salió a darles la bienvenida. La madre venía sonriendo, mientras Antonia exhibía al recién nacido con una algazara de abuela, anunciando que sería bautizado Riad Vargas Díaz, en justo homenaje al turco, porque sin su ayuda la madre no hubiera llegado a tiempo a la maternidad y además fue él quien se hizo cargo de los gastos cuando el padre hizo oídos sordos y se fingió más borracho que de costumbre para no desenterrar su oro.

Antes de dos semanas Tomás Vargas quiso exigirle a Concha Díaz que volviera a su hamaca, a pesar de que la mujer todavía tenía un costurón fres-

Gegen ihren eigenen Willen wünschte sie, dass Conchas Zukunft nicht so düster sein möge wie ihr eigenes Leben. Sie empfand nicht mehr Wut, sondern stillschweigendes Mitgefühl und begann sie zu behandeln wie eine auf Abwege geratene Tochter, mit einer schroffen Autorität, die kaum ihre Zuneigung verhehlen konnte. Die junge Frau war entsetzt über die abscheulichen Veränderungen in ihrem Körper, die nicht zu steuernde, ständig zunehmende Unförmigkeit, die Scham, dauernd Wasser lassen zu müssen und zu watscheln wie eine Gans, sie konnte den Ekel vor sich selbst kaum beherrschen und wäre am liebsten gestorben. Oftmals war sie schon frühmorgens sehr elend und konnte nicht aufstehen, dann teilte Antonia die Kinder ein, wie sie sich bei Conchas Pflege abwechseln sollten, während sie selbst ihre Arbeiten in aller Eile erledigte, um so früh wie möglich zurückzukommen und sie versorgen zu können. An anderen Tagen wieder fühlte Concha sich beim Erwachen kräftiger, und wenn Antonia erschöpft heimkam, fand sie das Essen fertig und das Haus geputzt. Das Mädchen brachte ihr einen Kaffee und wartete neben ihr stehend, bis sie ihn getrunken hatte, und ihr Blick war der eines dankbaren Tieres.

Das Kind wurde im Krankenhaus der Stadt geboren, weil es nicht zur Welt kommen wollte und sie Concha aufschneiden mussten, um es herauszuholen. Antonia blieb die ganzen acht Tage bei ihr, während die Lehrerin Inés sich um ihre Kinder kümmerte. Die beiden Frauen kehrten in Riad Halabís Lieferwagen zurück, und ganz Agua Santa strömte herbei, um sie willkommen zu heißen. Die Mutter stieg lächelnd aus, während Antonia mit freudigem Großmuttergehabe das Neugeborene herumzeigte und kundgab, es werde Riad Vargas Díaz genannt werden, in gerechter Ehrung des Arabers, denn ohne seine Hilfe wäre die Mutter nicht rechtzeitig ins Krankenhaus gekommen, und außerdem hatte er die Kosten übernommen, als der Vater den Tauben spielte und sich noch betrunkener als üblich stellte, um sein Gold nicht ausgraben zu müssen.

Noch bevor zwei Wochen vergangen waren, verlangte Tomás Vargas von dem Mädchen, sie solle in seine Hänge-

co y un vendaje de guerra en el vientre, pero Antonia Sierra se le puso delante con los brazos en jarra, decidida por primera vez en su existencia a impedir que el viejo hiciera según su capricho. Su marido inició el ademán de quitarse el cinturón para darle los correazos habituales, pero ella no lo dejó terminar el gesto y se le fue encima con tal fiereza, que el hombre retrocedió, sorprendido. Esa vacilación lo perdió, porque ella supo entonces quién era el más fuerte. Entretanto Concha Díaz había dejado a su hijo en un rincón y enarbolaba una pesada vasija de barro, con el propósito evidente de reventársela en la cabeza. El hombre comprendió su desventaja y se fue del rancho lanzando blasfemias. Toda Agua Santa supo lo sucedido porque él mismo se lo contó a las muchachas del prostíbulo, quienes también dijeron que Vargas ya no funcionaba y que todos sus alardes de semental eran pura fanfarronería y ningún fundamento.

A partir de ese incidente las cosas cambiaron. Concha Díaz se repuso con rapidez y mientras Antonia Sierra salía a trabajar, ella se quedaba a cargo de los niños y las tareas del huerto y de la casa. Tomás Vargas se tragó la desazón y regresó humildemente a su hamaca, donde no tuvo compañía. Aliviaba el despecho maltratando a sus hijos y comentando en la taberna que las mujeres, como las mulas, sólo entienden a palos, pero en la casa no volvió a intentar castigarlas. En las borracheras gritaba a los cuatro vientos las ventajas de la bigamia y el cura tuvo que dedicar varios domingos a rebatirlo desde el púlpito, para que no prendiera la idea y se le fueran al carajo tantos años de predicar la virtud cristiana de la monogamia.

En Agua Santa se podía tolerar que un hombre 62
maltratara a su familia, fuera haragán, bochinche- 63

matte zurückzukehren, obwohl sie eine noch frische Narbe hatte und eine Binde trug, aber Antonia Sierra stellte sich vor ihn hin, die Hände in die Hüften gestemmt und zum ersten Mal in ihrem Leben entschlossen, dem Alten seine Willkür nicht durchgehen zu lassen. Vargas wollte an seinen Gürtel greifen, um ihn abzuschnallen und ihr die gewohnten Hiebe zu verabreichen, aber sie ließ ihn die Bewegung nicht zu Ende bringen und ging mit solcher Wildheit auf ihn los, dass er verdutzt zurückwich. Dieses Schwanken war sein Verderben, denn jetzt wusste sie, wer der Stärkere war. Inzwischen hatte Concha ihren Sohn in eine Ecke gelegt und schwang einen schweren Steinguttopf in der offenkundigen Absicht, ihn dem Alten auf dem Kopf zu schmettern. Vargas begriff, dass er im Nachteil war, und rannte fluchend aus dem Haus. Ganz Agua Santa erfuhr, was vorgefallen war, denn er selbst erzählte es den Mädchen im Bordell, die im übrigen sagten, Vargas könne ja gar nicht mehr, und all sein Zuchthengstgeprahle sei pure Aufschneiderei und durch rein gar nichts begründet.

Von diesem Zwischenfall an änderten sich die Dinge. Concha Díaz erholte sich rasch, und während Antonia Sierra arbeiten ging, besorgte sie die Kinder und übernahm die Aufgaben in Haus und Garten. Tomás Vargas schluckte den Verdruss hinunter und kehrte bescheiden zu seiner Hängematte zurück, in der er keine Gesellschaft mehr bekam. Er linderte seinen Groll, indem er die Kinder schlecht behandelte, und erklärte in der Kneipe, Frauen seien wie die Maultiere und verständen nur Prügel, aber zu Hause versuchte er nie wieder, eine der beiden anzurühren. Wenn er betrunken war, prahlte er lauthals mit den Vorteilen der Doppelehe, und der Priester musste mehrere Sonntage darauf verwenden, ihn von der Kanzel aus zu widerlegen, damit der Gedanke im Dorf nicht Wurzel fasste und die jahrelang gepredigte christliche Tugend der Einehe zum Teufel ging.

In Agua Santa konnte man es dulden, dass ein Mann seine Familie misshandelte, ein Faulenzer und ein Radaubruder

ro y no devolviera el dinero prestado, pero las deudas del juego eran sagradas. En las riñas de gallos los billetes se colocaban bien doblados entre los dedos, donde todos pudieran verlos, y en el dominó, los dados o las cartas, se ponían sobre la mesa a la izquierda del jugador. A veces los camioneros de la Compañía de Petróleos se detenían para unas vueltas de póquer y aunque ellos no mostraban su dinero, antes de irse pagaban hasta el último céntimo. Los sábados llegaban los guardias del Penal de Santa María a visitar el burdel y a jugar en la taberna su paga de la semana. Ni ellos – que eran mucho más bandidos que los presos a su cargo – se atrevían a jugar si no podían pagar. Nadie violaba esa regla.

Tomás Vargas no apostaba, pero le gustaba mirar a los jugadores; podía pasar horas observando un dominó, era el primero en instalarse en las riñas de gallos y seguía los números de la lotería que anunciaban por la radio, aunque él nunca compraba uno. Estaba defendido de esa tentación por el tamaño de su avaricia. Sin embargo, cuando la férrea complicidad de Antonia Sierra y Concha Díaz le mermó definitivamente el ímpetu viril, se volcó hacia el juego. Al principio apostaba unas propinas míseras y sólo los borrachos más pobres aceptaban sentarse a la mesa con él, pero con los naipes tuvo más suerte que con sus mujeres y pronto le entró el comején del dinero fácil y empezó a descomponerse hasta el meollo mismo de su naturaleza mezquina. Con la esperanza de hacerse rico en un solo golpe de fortuna y recuperar de paso – mediante la ilusoria proyección de ese triunfo – su humillado prestigio de padrote, empezó a aumentar los riesgos. Pronto se medían con él los jugadores más bravos y los demás hacían rueda para seguir las alternativas de cada encuentro. Tomás Vargas no ponía los billetes estirados sobre la mesa, como

war und geborgtes Geld nicht zurückgab, aber Spielschulden waren heilig. Bei den Hahnenkämpfen wurden die Geldscheine sauber gefaltet zwischen den Fingern gehalten, wo alle sie sehen konnten, und beim Domino, beim Würfeln oder beim Kartenspiel lagen sie auf dem Tisch zur Linken des Spielers. Bisweilen blieben die Fahrer der Erdölgesellschaft für ein paar Pokerrunden hängen, und wenn sie auch ihr Geld nicht offen zeigten, bezahlten sie doch, ehe sie weiterfuhren, bis auf den letzten Céntimo. Sonnabends kamen die Wachen vom Gefängnis Santa María, um das Bordell zu besuchen und in der Kneipe ihren Wochenlohn zu verspielen. Nicht einmal sie – die größere Banditen waren als die Gefangenen unter ihrer Fuchtel – wagten es, zu spielen, wenn sie nicht zahlen konnten. Keiner verletzte diese Regel.

Tomás Vargas wettete oder setzte nicht, aber er sah gern den Spielern zu, er konnte stundenlang beim Domino gaffend danebensitzen, und er verfolgte im Radio die Lotterienummern, obwohl er nie ein Los kaufte. Vor dieser Versuchung schützte ihn sein kolossaler Geiz. Als jedoch unter der beinharten Verschwörung der beiden Frauen sein männlicher Schwung endgültig dahinschwand, wurde er mit einemmal regelrecht spielwütig. Anfangs freilich setzte er nur ein paar jämmerliche Céntimos, und nur die järmsten Säufer willigten ein, sich mit ihm an einen Tisch zu setzen, aber er hatte mit den Karten mehr Glück als mit seinen Frauen, und bald packte ihn die Erregung des leichtverdienten Geldes, und sein schäbiger Charakter wurde nach und nach morsch bis ins Mark. In der Hoffnung, durch einen einzigen Glücksfall reich zu werden und nebenbei – vermittels der trügerischen Ausstrahlung dieses Triumphes – sein gedemütigtes Ansehen als tüchtiger Hengst zurückzugewinnen, begann er die Einsätze zu erhöhen. Bald maßen sich auch die beherzteren Spieler mit ihm, und die übrigen standen im Kreis drum herum, um die Wechselfälle der jeweiligen Begegnung zu verfolgen. Tomás Vargas legte das Geld nicht ausgebreitet auf den Tisch, wie es üblich war, aber er bezahlte, wenn er verlor. Bei ihm zu Hause wuchs

era la tradición, pero pagaba cuando perdía. En su casa la pobreza se agudizó y Concha salió también a trabajar. Los niños quedaron solos y la Maestra Inés tuvo que alimentarlos para que no anduvieran por el pueblo aprendiendo a mendigar.

Las cosas se complicaron para Tomás Vargas cuando aceptó el desafío del Teniente y después de seis horas de juego le ganó doscientos pesos. El oficial confiscó el sueldo a sus subalternos para pagar la derrota. Era un moreno bien plantado, con un bigote de morsa y la casaca siempre abierta para que las muchachas pudieran apreciar su torso velludo y su colección de cadenas de oro. Nadie lo estimaba en Agua Santa, porque era hombre de carácter impredecible y se atribuía la autoridad de inventar leyes según su capricho y conveniencia. Antes de su llegada, la cárcel era sólo un par de cuartos para pasar la noche después de alguna riña – nunca hubo crímenes de gravedad en Agua Santa y los únicos malhechores eran los presos en su tránsito hacia el Penal de Santa María – pero el Teniente se encargó de que nadie pasara por el retén sin llevarse una buena golpiza. Gracias a él la gente le tomó miedo a la ley. Estaba indignado por la pérdida de los doscientos pesos, pero entregó el dinero sin chistar y hasta con cierto desprendimiento elegante, porque ni él, con todo el peso de su poder, se hubiera levantado de la mesa sin pagar.

Tomás Vargas pasó dos días alardeando de su triunfo, hasta que el Teniente le avisó que lo esperaba el sábado para la revancha. Esta vez la apuesta sería de mil pesos, le anunció con un tono tan perentorio que el otro se acordó de los planazos recibidos en el trasero y no se atrevió a negarse. La tarde del sábado la taberna estaba repleta de gente. En la apretura y el calor se acabó el aire y hubo que sacar la mesa a la calle para que todos

die Armut, und nun musste auch Concha arbeiten gehen. Die Kinder blieben allein, und die Lehrerin Inés musste ihnen zu essen geben, damit sie nicht durch das Dorf liefen und das Betteln lernten.

Die Dinge spitzten sich für Tomás Vargas zu, als er die Herausforderung des Teniente annahm und ihm nach sechs Stunden zweihundert Pesos abgewonnen hatte. Der Offizier beschlagnahmte den Sold seiner Untergebenen, um die Schlappe zu bezahlen. Er war ein gut gebauter Schwarzhaariger mit einem Walrossschnurbart und stets offenstehender Uniformbluse, damit die Mädchen seine behaarte braune Brust und seine Goldkettensammlung würdigen konnten. Niemand schätzte ihn in Agua Santa, denn er war ein Mann von unberechenbarem Charakter und maßte sich die Befugnis an, Gesetze nach seiner Laune und seinem Vorteil zu erfinden. Vor seinem Kommen war das Gefängnis nichts als zwei Räume gewesen, in denen man die Nacht nach einer Rauferei verbrachte – nie gab es schwere Verbrechen in Agua Santa, und die einzigen Übeltäter, die man hier sehen konnte, waren die Gefangenen, wenn sie auf der Fahrt nach Santa Maria durch das Dorf kamen –, aber der Teniente sorgte dafür, dass keiner das Arrestlokal ohne eine kräftige Tracht Prügel verließ. Ihm war es zu verdanken, dass die Leute das Gesetz zu fürchten begannen. Er war entrüstet über den Verlust der zweihundert Pesos, aber er reichte das Geld anstandslos hin, sogar mit einer gewissen eleganten Verachtung, denn nicht einmal er, bei all seiner Macht, wäre vom Tisch aufgestanden, ohne zu bezahlen.

Tomás Vargas prahlte zwei Tage lang mit seinem Sieg, bis der Teniente ihm eröffnete, er erwarte ihn kommenden Sonnabend zur Revanche. Diesmal werde der Einsatz tausend Pesos betragen, teilte er ihm in so endgültigem Ton mit, dass Vargas sich an die Hiebe auf sein Hinterteil erinnerte und nicht wagte, sich zu weigern. Am Sonnabendnachmittag war die Kneipe brechend voll. In der Enge und der Hitze konnte man kaum mehr atmen, und so wurde der Tisch auf die Straße gestellt, damit alle das Spiel mitan-

pudieran ser testigos de la jugada. Nunca se había apostado tanto dinero en Agua Santa y para asegurar la limpieza del procedimiento designaron a Riad Halabí. Este empezó por exigir que el público se mantuviera a dos pasos de distancia, para impedir cualquier trampa, y que el Teniente y los demás policías dejaran sus armas en el retén.

– Antes de comenzar ambos jugadores deben poner su dinero sobre la mesa – dijo el árbitro.

– Mi palabra basta, turco – replicó el Teniente.

– En ese caso mi palabra basta también – agregó Tomás Vargas.

– ¿Cómo pagarán si pierden? – quiso saber Riad Halabí.

– Tengo una casa en la capital, si pierdo Vargas tendrá los títulos mañana mismo.

– Está bien. ¿Y tú?

– Yo pago con el oro que tengo enterrado.

El juego fue lo más emocionante ocurrido en el pueblo en muchos años. Toda Agua Santa, hasta los ancianos y los niños se juntaron en la calle. Las únicas ausentes fueron Antonia Sierra y Concha Díaz. Ni el Teniente ni Tomás Vargas inspiraban simpatía alguna, así es que daba lo mismo quien ganara; la diversión consistía en adivinar las angustias de los dos jugadores y de quienes habían apostado a uno u otro. A Tomás Vargas lo beneficiaba el hecho de que hasta entonces había sido afortunado con los naipes, pero el Teniente tenía la ventaja de su sangre fría y su prestigio de matón.

A las siete de la tarde terminó la partida y, de acuerdo con las normas establecidas, Riad Halabí declaró ganador al Teniente. En el triunfo el policía mantuvo la misma calma que demostró la semana anterior en la derrota, ni una sonrisa burlona, ni una palabra desmedida, se quedó simplemente sentado en su silla escarbándose los dientes con la uña del dedo meñique.

sehen konnten. Nie zuvor war in Agua Santa soviel Geld im Einsatz gewesen, und damit auch alles ehrlich zuging, wurde Riad Halabí als Schiedsrichter berufen. Er verlangte als erstes, dass die Zuschauer sich in zwei Schritt Entfernung hielten, um jede Mogelei auszuschließen, und dass der Teniente und die Polizisten ihre Waffen auf der Wache ließen.

«Bevor wir anfangen, müssen beide Spieler ihr Geld auf den Tisch legen», sagte der Schiedsrichter.

«Mein Wort genügt, Araber», erwiderte der Teniente.

«In dem Fall genügt mein Wort auch», fügte Tomás Vargas hinzu.

«Wie werden Sie bezahlen, wenn Sie verlieren?» wollte Riad Halabí wissen.

«Ich besitze ein Haus in der Hauptstadt, wenn ich verliere, hat Vargas morgen die Besitzurkunde.»

«In Ordnung. Und du?»

«Ich zahle mit dem Gold, das ich vergraben habe.»

Das Spiel war das aufregendste Ereignis im Dorf seit vielen Jahren. Ganz Agua Santa, Greise und Kinder eingeschlossen, war auf der Straße versammelt. Einzig Antonia Sierra und Concha Díaz fehlten. Weder der Teniente noch Tomás Vargas genossen die geringste Zuneigung, also war es den Leuten egal, wer gewann; der Spaß bestand darin, die Ängste der Spieler zu erraten und zu sehen, wer auf wen gewettet hatte. Zugunsten von Tomás Vargas sprach die Tatsache, dass er bisher Glück mit den Karten gehabt hatte, aber der Teniente hatte den Vorteil der Kaltblütigkeit und seinen Ruf als Draufgänger für sich.

Um sieben Uhr abends endete die Partie, und gemäß den festgesetzten Regeln erklärte Riad Halabí den Teniente zum Sieger. Im Triumph wahrte der Polizist die gleiche Ruhe, wie er sie am vergangenen Sonnabend in der Niederlage gezeigt hatte, kein spöttisches Lächeln, kein unpassendes Wort, er saß einfach ruhig auf seinem Stuhl und stocherte sich mit dem dem Nagel seines kleinen Fingers in den Zähnen.

– Bueno, Vargas, ha llegado la hora de desenterrar tu tesoro – dijo, cuando se calló el vocerío de los mirones.

La piel de Tomás Vargas se había vuelto cenicienta, tenía la camisa empapada de sudor y parecía que el aire no le entraba al cuerpo, se le quedaba atorado en la boca. Dos veces intentó ponerse de pie y le fallaron las rodillas. Riad Halabí tuvo que sostenerlo. Por fin reunió la fuerza para echar a andar en dirección a la carretera, seguido por el Teniente, los policías, el árabe, la Maestra Inés y más atrás todo el pueblo en ruidosa procesión. Anduvieron un par de millas y luego Vargas torció a la derecha, metiéndose en el tumulto de la vegetación glotona que rodeaba a Agua Santa. No había sendero, pero él se abrió paso sin grandes vacilaciones entre los árboles gigantescos y los helechos, hasta llegar al borde de un barranco apenas visible, porque la selva era un biombo impenetrable. Allí se detuvo la multitud, mientras él bajaba con el Teniente. Hacía un calor húmedo y agobiante, a pesar de que faltaba poco para la puesta del sol. Tomás Vargas hizo señas de que lo dejaran solo, se puso a gatas y arrastrándose desapareció bajo unos filodendros de grandes hojas carnudas. Pasó un minuto largo antes que se escuchara su alarido. El Teniente se metió en el follaje, lo cogió por los tobillos y lo sacó a tirones.

– ¡Qué pasa!

– ¡No está, no está!

– ¡Cómo que no está!

– ¡Lo juro, mi Teniente, yo no sé nada, se lo robaron, me robaron el tesoro! – y se echó a llorar como una viuda, tan desesperado que ni cuenta se dio de las patadas que le propinó el Teniente.

– ¡Cabrón! ¡Me vas a pagar! ¡Por tu madre que me vas a pagar!

«Schön, Vargas, die Stunde ist gekommen, wo du deinen Schatz ausgraben musst», sagte er, als das Geschrei der Zuschauer sich einigermaßen gelegt hatte.

Tomás Vargas' Haut war aschfahl geworden, sein Hemd war schweißgetränkt, und die Luft schien in seinem Mund hängenzubleiben, er konnte sie nicht einatmen. Zweimal versuchte er aufzustehen, aber seine Knie gaben nach. Riad Halabí musste ihn stützen. Endlich raffte er alle Kraft zusammen und setzte sich auf die Landstraße zu in Bewegung, gefolgt vom Teniente, den Polizisten, dem Araber und der Lehrerin Inés, und dahinter kam das ganze Dorf in lärmender Prozession. Sie gingen etwa zwei Meilen, dann wandte sich Vargas nach rechts und drang in das Gewucher der gefräßigen Vegetation ein, die Agua Santa umgab. Da war kein Weg, aber er brach sich ohne großes Zögern Bahn zwischen den gewaltigen Bäumen und den riesigen Farnen, bis er den Rand einer Schlucht erreichte, die kaum zu erkennen war, denn der Urwald stand davor wie eine undurchdringliche Wand. Hier blieb die Menge stehen, während Vargas mit dem Teniente hinabstieg. Es herrschte eine feuchte, erstickende Hitze, obwohl die Sonne bald untergehen musste. Vargas machte ein Zeichen, dass er allein sein wollte, ließ sich auf alle Viere hinab und verschwand kriechend unter einigen Philodendren mit großen fleischigen Blättern. Eine lange Minute verging, bis man seinen Klageschrei hörte. Der Teniente stürzte sich in das Blätterwerk, packte ihn bei den Knöcheln und zerrte ihn heraus.

«Was ist los?»

«Es ist weg, es ist weg!»

«Was heißt, er ist weg!»

«Ich schwöre, Teniente, ich weiß es nicht, sie haben es gestohlen, sie haben mir meinen Schatz gestohlen!» Und er fing an zu heulen wie eine Witwe und war so verzweifelt, dass er die Fußtritte gar nicht spürte, die ihm der Leutnant verpasste.

«Du Scheißkerl! Du wirst bezahlen! Bei deiner Mutter, du wirst mir bezahlen!»

Riad Halabí se lanzó barranco abajo y se lo quitó de las manos antes de que lo convirtiera en mazamorra. Logró convencer al Teniente de que se calmara, porque a golpes no resolverían el asunto, y luego ayudó al viejo a subir. Tomás Vargas tenía el esqueleto descalabrado por el espanto de lo ocurrido, se ahogaba de sollozos y eran tantos sus titubeos y desmayos que el árabe tuvo que llevarlo casi en brazos todo el camino de vuelta, hasta depositarlo finalmente en su rancho. En la puerta estaban Antonia Sierra y Concha Díaz sentadas en dos sillas de paja, tomando café y mirando caer la noche. No dieron ninguna señal de consternación al enterarse de lo sucedido y continuaron sorbiendo su café, inmutables.

Tomás Vargas estuvo con calentura más de una semana, delirando con morocotas de oro y naipes marcados, pero era de naturaleza firme y en vez de morirse de congoja, como todos suponían, recuperó la salud. Cuando pudo levantarse no se atrevió a salir durante varios días, pero finalmente su amor por la parranda pudo más que su prudencia, tomó su sombrero de pelo de guama y, todavía tembleque y asustado, partió a la taberna. Esa noche no regresó y dos días después alguien trajo la noticia de que estaba despachurrado en el mismo barranco donde había escondido su tesoro. Lo encontraron abierto en canal a machetazos, como una res, tal como todos sabían que acabaría sus días, tarde o temprano.

Antonia Sierra y Concha Díaz lo enterraron sin grandes señas de desconsuelo y sin más cortejo que Riad Halabí y la Maestra Inés, que fueron por acompañarlas a ellas y no para rendirle homenaje póstumo a quien habían despreciado en vida. Las dos mujeres siguieron viviendo juntas, dispuestas a ayudarse mutuamente en la crianza de los hijos y en las vicisitudes de cada día. Poco después del

Riad Halabí rutschte schluchtabwärts und riss ihm sein Opfer aus den Händen, ehe er es zu Brei schlagen konnte. Dann redete er dem Teniente zu, er solle sich beruhigen, denn mit Prügeln würden sie den Fall nicht lösen, und schließlich half er dem Alten den Abhang hinauf. Tomás Vargas zitterte und schlotterte vor Entsetzen über sein Unglück, er erstickte schier vor Schluchzen und wankte und schwankte so kraftlos, dass der Araber ihn den ganzen Rückweg fast tragen musste, bis er ihn endlich in seinem Haus absetzte. Vor der Tür saßen Antonia Sierra und Concha Díaz auf Stühlen aus Strohgeflecht, tranken Kaffee und sahen zu, wie die Nacht hereinbrach. Sie gaben keinerlei Zeichen der Bestürzung, als sie erfuhren, was vorgefallen war, und schlürften ungerührt weiter ihren Kaffee.

Tomás Vargas hatte über eine Woche hohes Fieber, er phantasierte von Goldstücken und gezinkten Karten, aber er hatte eine widerstandsfähige Natur, und statt vor Kummer zu sterben, wie alle vermutet hatten, wurde er wieder gesund. Als er aufstehen konnte, wagte er sich mehrere Tage nicht aus dem Haus, aber schließlich siegte seine Lust am Herumbummeln über seine Klugheit, er nahm seinen Hut und ging, immer noch zittrig und verschreckt, in die Kneipe. In dieser Nacht kam er nicht heim, und zwei Tage später brachte jemand die Nachricht, er liege erschlagen in derselben Schlucht, in der er seinen Schatz versteckt hatte. Sie fanden ihn von Machetehieben zerteilt wie Schlachtvieh, und alle hatten gewusst, dass es eines Tages, früher oder später, so mit ihm enden würde.

Antonia Sierra und Concha Díaz beerdigten ihn ohne jedes Anzeichen von Untröstlichkeit und ohne mehr Gefolge als Riad Halabí und die Lehrerin Inés, die mitgingen, um sie zu begleiten, und nicht, um dem Mann die letzte Ehre zu erweisen, den sie zu seinen Lebzeiten verachtet hatten. Die beiden Frauen blieben zusammen, entschlossen, einander beim Aufziehen der Kinder und dem tagtäglichen Auf und Ab zur Seite zu stehen. Kurz nach dem

sepelio compraron gallinas, conejos y cerdos, fueron en bus a la ciudad y volvieron con ropa para toda la familia. Ese año arreglaron el rancho con tablas nuevas, le agregaron dos cuartos, lo pintaron de azul y después instalaron una cocina a gas, donde iniciaron una industria de comida para vender a domicilio. Cada mediodía partían con todos los niños a distribuir sus viandas en el retén, la escuela, el correo, y si sobraban porciones las dejaban en el mostrador del almacén, para que Riad Halabí se las ofreciera a los camioneros. Y así salieron de la miseria y se iniciaron en el camino de la prosperidad.

Begräbnis kauften sie Hühner, Kaninchen und Schweine, fuhren mit dem Bus in die Stadt und kehrten mit Kleidung für die ganze Familie zurück. Im selben Jahr besserten sie das Haus mit nagelneuen Brettern aus und bauten zwei Räume an, dann stellten sie einen Gasherd auf und richteten eine Speiseküche ein zum Verkauf frei Haus. Jeden Mittag zogen sie mit allen Kindern los, um ihre Gerichte im Gefängis, in der Schule und in der Post zu verteilen, und wenn Portionen übrig waren, ließen sie die auf dem Ladentisch Riad Halabís, damit er sie den Lastwagenfahrern anbieten konnte. Und so kamen sie aus dem Elend heraus und betraten den Weg zum Wohlstand.

Maria Luisa Bombal
El árbol

El pianista se sienta, tose por prejuicio y se concentra un instante. Las luces en racimo que alumbran la sala declinan lentamente hasta detenerse en un resplandor mortecino de brasa, al tiempo que una frase musical comienza a subir en el silencio, a desenvolverse, clara, estrecha y juiciosamente caprichosa.

«Mozart, tal vez» – piensa Brígida. Como de costumbre se ha olvidado de pedir el programa. «Mozart, tal vez, o Scarlatti . . .» ¡Sabía tan poca música! Y no era porque no tuviese oído ni afición. De niña fue ella quien reclamó lecciones de piano; nadie necesitó imponérselas, como a sus hermanas. Sus hermanas, sin embargo, tocaban ahora correctamente y descifraban a primera vista, en tanto que ella . . . Ella había abandonado los estudios al año de iniciarlos. La razón de su inconsecuencia era tan sencilla como vergonzosa: jamás había conseguido aprender la llave de Fa, jamás. «No compredo, no me alcanza la memoria más que para la llave de Sol». ¡La indignación de su padre! «¡A cualquiera le doy esta carga de un infeliz viudo con varias hijas que educar! ¡Pobre Carmen!, Seguramente habría sufrido por Brígida. Es retardada esta criatura».

Brígida era la menor de seis niñas todas diferentes de carácter. Cuando el padre llegaba por fin a su sexta hija, lo hacía tan perplejo y agotado por las cinco primeras que prefería simplificarse el día declarándola retardada. «No voy a luchar más, es inútil. Déjenla. Si no quiere estudiar, que no estudie. Si le gusta pasarse en la cocina, oyendo cuentos de ánimas, allá ella. Si le gustan las muñecas a los dieciséis años, que juegue». Y Brígida había conservado sus muñecas y permanecido totalmente ignorante.

Maria Luisa Bombal
Der Baum

Der Pianist nimmt Platz, räuspert sich gewohnheitsmäßig und sammelt sich eine kleine Weile. Die traubenartig angeordneten Lichter, die den Saal erhellen, werden langsam schwächer, bis sie nur noch mattglühend schimmern. Zur gleichen Zeit beginnt in der Stille eine musikalische Phrase aufzusteigen, sich zu entfalten, klar, schmal und auf verhaltene Art eigensinnig.

«Mozart vielleicht», denkt Brígida. Wie üblich hat sie vergessen, das Programm zu verlangen. «Mozart vielleicht, oder Scarlatti ...» Sie kannte so wenig Musik! Und nicht etwa, weil sie kein Gehör oder keine Neigung dafür hätte. Als Kind war sie es, die auf Klavierstunden bestand, niemand musste sie dazu zwingen, wie ihre Schwestern. Ihre Schwestern jedoch spielten jetzt fehlerfrei und sogar vom Blatt, während sie ... Sie hatte das Studium nach einem Jahr aufgegeben. Der Grund ihrer Unbeständigkeit war ebenso einfach wie beschämend: sie hatte es nie fertiggebracht, den Bass-Schlüssel zu erlernen. Niemals. «Ich verstehe es nicht, mein Verstand reicht nur bis zum Violinschlüssel.» Die Empörung ihres Vaters! «Die Last eines unseligen Witwers, der mehrere Töchter großziehen muss, würde ich gern jedem anderen aufbürden! Arme Carmen! Sicherlich hätte sie wegen Brígida gelitten. Dieses Kind ist zurückgeblieben.»

Brígida war die jüngste von sechs Mädchen ganz verschiedener Wesensart. Als der Vater endlich zu seiner sechsten Tochter kam, war er so ratlos und erschöpft von den ersten fünf, dass er es vorzog, sich das Leben zu vereinfachen: er erklärte sie für zurückgeblieben. «Ich will mich nicht mehr abmühen, es ist zwecklos. Lasst sie. Wenn sie nicht lernen will, lernt sie eben nicht. Wenn es ihr gefällt, sich in der Küche aufzuhalten und Geistergeschichten anzuhören, so soll sie. Wenn sie noch als Sechzehnjährige mit Puppen spielen will, soll sie spielen.» Und Brígida hatte ihre Puppen behalten und war vollkommen unwissend geblieben.

¡Qué agradable es ser ignorante! ¡No saber exactamente quién fue Mozart; desconocer sus orígenes, sus influencias, las particularidades de su técnica! Dejarse solamente llevar por él de la mano, como ahora.

Y Mozart la lleva, en efecto. La lleva por un puente suspendido sobre un agua cristalina que corre en un lecho de arena rosada. Ella está vestida de blanco, con un quitasol de encaje, complicado y fino como una telaraña, abierto sobre el hombro.

– Estás cada día más joven, Brígida. Ayer encontré a tu marido, a tu ex marido, quiero decir. Tiene todo el pelo blanco.

Pero ella no contesta, no se detiene, sigue cruzando el puente que Mozart le ha tendido hacia el jardín de sus años juveniles.

Altos surtidores en los que el agua canta. Sus dieciocho años, sus trenzas castañas que desatadas le llegaban hasta los tobillos, su tez dorada, sus ojos oscuros tan abiertos y como interrogantes. Una pequeña boca de labios carnosos, una sonrisa dulce y el cuerpo más liviano y gracioso del mundo. ¿En qué pensaba, sentada al borde de la fuente? En nada. «Es tan tonta como linda» decían. Pero a ella nunca le importó ser tonta ni «planchar» en los bailes. Una a una iban pidiendo en matrimonio a sus hermanas. A ella no la pedía nadie.

¡Mozart! Ahora le brinda una escalera de mármol azul por donde ella baja entre una doble fila de lirios de hielo. Y ahora le abre una verja de barrotes con puntas doradas para que ella pueda echarse al cuello de Luis, el amigo íntimo de su padre. Desde muy niña, cuando todos la abandonaban, corría hacia Luis. El la alzaba y ella le rodeaba el cuello con los brazos, entre risas que eran como pequeños gorjeos y besos que le disparaba aturdidamente sobre los ojos, la frente y el pelo ya entonces canoso (¿es que nunca había sido joven?)

Wie angenehm ist es, unwissend zu sein! Nicht genau zu wissen, wer Mozart war, in Unkenntnis seiner Ursprünge, seiner Einflüsse, der Eigenheiten seiner Technik! Sich einfach von ihm an die Hand nehmen zu lassen, wie jetzt.

Und Mozart nimmt sie tatsächlich an die Hand. Er führt sie auf einer Hängebrücke über kristallklares Wasser, das in einem Bett von rosa Sand fließt. Brígida ist weiß gekleidet, über der Schulter trägt sie einen geöffneten Sonnenschirm aus Spitze, feingesponnen wie Spinnweben.

«Du siehst jeden Tag jünger aus, Brígida. Gestern traf ich deinen Mann, deinen ehemaligen Mann, meine ich. Er hat ganz weißes Haar.»

Doch sie antwortet nicht, bleibt nicht stehen, geht weiter auf der Brücke, die Mozart ihr zum Garten ihrer Jugendjahre gespannt hat.

Hohe Fontänen in denen das Wasser singt. Ihre achtzehn Jahre, ihre kastanienbraunen Zöpfe, die gelöst bis an die Knöchel reichten, ihre goldene Haut, ihre dunklen Augen, so offen wie fragend. Ein kleiner Mund mit vollen Lippen, ein süßes Lächeln, und der leichteste, anmutigste Körper der Welt. Woran dachte sie, als sie am Rand des Springbrunnens saß? An nichts. «Sie ist so dumm wie sie hübsch ist», sagte man. Doch ihr machte es nie etwas aus, dumm und an den Tanzabenden ein Mauerblümchen zu sein. Ihre Schwestern heirateten, eine nach der anderen. Um Brígidas Hand hielt niemand an.

Mozart! Jetzt bietet er ihr eine blaue Marmortreppe, auf der sie zwischen einer Doppelreihe von Eis-Lilien herabsteigt. Und jetzt öffnet er ihr ein Eisengitter mit vergoldeten Spitzen, damit sie sich Luis, dem besten Freund ihres Vaters, an den Hals werfen kann. Schon als kleines Mädchen, wenn sie von allen allein gelassen wurde, lief sie zu Luis. Er hob sie hoch, und sie schlang die Arme um seinen Hals, ihr Lachen klang wie Gezwitscher und die Küsse, die sie ihm stürmisch auf die Augen, auf die Stirn, auf das schon damals graue Haar (war er denn niemals jung gewesen?) drückte, wirkten wie ein heftiger Regen. «Du bist

como una lluvia desordenada. «Eres un collar – le decía Luis –. Eres como un collar de pájaros».

Por eso se había casado con él. Porque el lado de aquel hombre solemne y taciturno no se sentía culpable de ser tal cual era: tonta, juguetona y perezosa. Sí, ahora que han pasado tantos años comprende que no se había casado con Luis por amor; sin embargo, no atina a comprender por qué, por qué se marchó ella un día, de pronto . . .

Pero he aquí que Mozart la toma nerviosamente de la mano y, arrastrándola en un ritmo segundo a segundo más apremiante, la obliga a cruzar el jardín en sentido inverso, a retomar el puente en una carrera que es casi una huida. Y luego de haberla despojado del quitasol y de la falda transparente, le cierra la puerta de su pasado con un acorde dulce y firme a la vez, y la deja en una sala de conciertos, vestida de negro, aplaudiendo maquinalmente en tanto crece la llama de las luces artificiales.

De nuevo la penumbra y de nuevo el silencio precursor.

Y ahora Beethoven empieza a remover el oleaje tibio de sus notas bajo una luna de primavera. ¡Qué lejos se ha retirado el mar! Brígida se interna playa adentro hacia el mar contraído allá lejos, refulgente y manso, pero entonces el mar se levanta, crece tranquilo, viene a su encuentro, la envuelve, y con suaves olas la va empujando, empujando por la espalda hasta hacerle recostar la mejilla sobre el cuerpo de un hombre. Y se aleja, dejándola olvidada sobre el pecho de Luis.

– No tienes corazón, no tienes corazón – solía decirle a Luis. Latía tan adentro el corazón de su marido que no pudo oírlo sino rara vez y de modo inesperado –. Nunca estás conmigo cuando estás a mi lado – protestaba en la alcoba, cuando antes de
dormirse él abría ritualmente los periódicos de la 80
tarde –. ¿Por qué te has casado conmigo? 81

eine Halskette», sagte Luis zu ihr, «du bist wie ein Vogelkettchen.»

Deshalb hatte sie ihn geheiratet. Weil sie sich neben diesem ernsten, wortkargen Mann nicht schuldig fühlte, so zu sein, wie sie war: dumm, verspielt und träge. Ja, jetzt, da so viele Jahre vergangen sind, ist ihr klar, dass sie Luis nicht aus Liebe geheiratet hatte. Trotzdem kann sie nicht verstehen, warum, warum sie eines Tages wegging, ganz plötzlich ...

Doch siehe da, Mozart nimmt sie unruhig an die Hand und zerrt sie mit sich, in einem Rhythmus, der von Sekunde zu Sekunde dringender wird, er zwingt sie den Garten in umgekehrter Richtung zu durchqueren und hastig, fast schon fliehend, wieder die Brücke zu betreten. Und nachdem er ihr den Sonnenschirm und den durchsichtigen Rock entwendet hat, schließt er die Tür zu ihrer Vergangenheit mit einem süßen und gleichzeitig nachdrücklichen Akkord ab und lässt sie in einem Konzertsaal zurück, schwarzgekleidet, mechanisch klatschend, während die Flamme der künstlichen Beleuchtung langsam größer wird.

Wieder das Halbdunkel und wieder das erwartungsvolle Schweigen.

Und jetzt beginnt Beethoven unter einem Frühlingsmond den sachten Wellengang seiner Noten aufzuwühlen. Wie weit das Meer zurückgewichen ist! Brígida dringt strandwärts vor zum fernen, zurückgezogenen, still glitzernden Meer. Doch nun erhebt sich das Meer, ruhig wächst es, kommt auf sie zu, hüllt sie ein und schiebt sie mit sanften Wellen, schiebt ihren Rücken an, bis sie mit der Wange an einem Männerkörper lehnt. Dann entfernt es sich und lässt sie selbstvergessen auf der Brust von Luis ruhen.

«Du hast kein Herz, du hast kein Herz», pflegte sie Luis zu sagen. So tief im Innern schlug das Herz ihres Mannes, dass sie es nur ganz selten, und dann ganz unerwarteterweise, hören konnte. «Du bist nie bei mir, wenn du neben mir bist», beschwerte sie sich im Schlafzimmer, wenn er vor dem Einschlafen gewohntermaßen die Abendzeitungen aufschlug. «Warum hast du mich geheiratet?»

– Porque tienes ojos de venadito asustado – contestaba él y la besaba. Y ella, súbitamente alegre, recibía orgullosa sobre su hombro el peso de su cabeza cana. ¡Oh, ese pelo plateado y brillante de Luis!

– Luis, nunca me has contado de qué color era exactamente tu pelo cuando eras chico, y nunca me has contado tampoco lo que dijo tu madre cuando te empezaron a salir canas a los quince años. ¿Qué dijo? ¿Se rió? ¿Lloró? ¿Y tú estabas orgulloso o tenías vergüenza? Y en el colegio, tus compañeros, ¿qué decían? Cuéntame, Luis, cuéntame . . .

– Mañana te contaré. Tengo sueño, Brígida, estoy muy cansado. Apaga la luz.

Inconscientemente él se apartaba de ella para dormir, y ella inconscientemente, durante la noche entera, perseguía el hombro de su marido, buscaba su aliento, trataba de vivir bajo su aliento, como una planta encerrada y sedienta que alarga sus ramas en busca de un clima propicio.

Por las mañanas, cuando la mucama abría las persianas, Luis ya no estaba a su lado. Se había levantado sigiloso y sin darle los buenos días, por temor al collar de pájaros que se obstinaba en retenerlo fuertemente por los hombros. «Cinco minutos, cinco minutos nada más. Tu estudio no va a desaparecer porque te quedes cinco minutos más conmigo, Luis».

Sus despertares. ¡Ah, qué tristes sus despertares! Pero – era curioso – apenas pasaba a su cuarto de vestir, su tristeza se disipaba como por encanto.

Un oleaje bulle, bulle muy lejano, murmura como un mar de hojas. ¿Es Beethoven? No.

Es el árbol pegado a la ventana del cuarto de vestir. Le bastaba entrar para que sintiese circular en ella una gran sensación bienhechora. ¡Qué calor hacía siempre en el dormitorio por las maña- 82
nas! ¡Y qué luz cruda! Aquí, en cambio, en el cuar- 83

«Weil du die Augen eines erschrockenen Rehleins hast», antwortete er und küsste sie. Und sie, plötzlich wieder vergnügt, empfing stolz auf ihrer Schulter das Gewicht seines ergrauten Kopfes. Oh dieses silberne, glänzende Haar von Luis!

«Luis, du hast mir nie genau erzählt, welche Farbe dein Haar hatte, als du klein warst, und du hast mir auch nie erzählt, was deine Mutter gesagt hat, als du mit fünfzehn schon grau wurdest. Was hat sie gesagt? Hat sie gelacht? Geweint? Und du, warst du stolz darauf oder hast du dich geschämt? Und in der Schule, was haben deine Kameraden gesagt? Erzähl mir, Luis, erzähl mir ...»

«Morgen erzähl ich es dir. Ich bin müde, Brígida, ich bin sehr müde. Mach das Licht aus.»

Unbewusst drehte er sich zum Einschlafen weg von ihr, und sie verfolgte unbewusst die ganze Nacht lang die Schulter ihres Mannes, suchte seinen Atem, versuchte unter seinem Atem zu leben, wie eine eingeschlossene durstige Pflanze, die auf der Suche nach einem geeigneten Klima ihre Zweige ausstreckt.

Wenn morgens das Hausmädchen die Jalousien öffnete, war Luis schon nicht mehr an ihrer Seite. Er war ganz leise aufgestanden, ohne ihr guten Morgen zu sagen, aus Angst vor der Vogelkette, die ihn hartnäckig und mit aller Kraft an den Schultern zurückhalten wollte. «Fünf Minuten, nicht mehr als fünf Minuten. Dein Büro wird nicht verschwinden, wenn du fünf Minuten länger bei mir bleibst, Luis.»

Ihr Erwachen. Ach, wie traurig war immer ihr Erwachen! Aber, wie seltsam, kaum war sie in ihrem Ankleidezimmer, verflog ihre Traurigkeit wie durch einen Zauber.

Ganz weit weg rollen, rollen die Wellen, murmeln wie ein Blättermeer. Ist es Beethoven? Nein.

Es ist der Baum vor dem Fenster des Ankleidezimmers. Es genügte, dass sie den Raum betrat, und schon spürte sie, wie ein herrlich wohltuendes Gefühl sie durchströmte. Wie warm es immer morgens im Schlafzimmer war! Und welch unbarmherziges Licht! Hier dagegen, im Ankleide-

to de vestir, hasta la vista descansaba, se refrescaba. Las cretonas desvaídas, el árbol que desenvolvía sombras como de agua agitada y fría por las paredes, los espejos que doblaban el follaje y se ahuecaban en un bosque unifinito y verde. ¡Qué agradable era ese cuarto! Parecía un mundo sumido en un acuario. ¡Cómo parloteaba ese inmenso gomero! Todos los pájaros del barrio venían a refugiarse en él. Era el único árbol de aquella estrecha calle en pendiente que, desde un costado de la ciudad, se despeñaba directamente al río.

– «Estoy ocupado. No puedo acompañarte ... Tengo mucho que hacer, no alcanzo a llegar para el almuerzo ... Hola, sí, estoy en el club. Un compromiso. Come y acuéstate ... No. No sé. Más vale que no me esperes, Brígida.»

– ¡Si tuviera amigas! – suspiraba ella. Pero todo el mundo se aburría con ella. ¡Si tratara de ser un poco menos tonta! ¿Pero cómo ganar de un tirón tanto terreno perdido? Para ser inteligente hay que empezar desde chica, ¿no es verdad?

A sus hermanas, sin embargo, los maridos las llevaban a todas partes, pero Luis – ¿por qué no había de confesárselo a sí misma? – se avergonzaba de ella, de su ignorancia, de su timidez y hasta de sus dieciocho años. ¿No le había pedido acaso que dijera que tenía por lo menos veintiuno, como si su extrema juventud fuera en ellos una tara secreta?

Y de noche ¡qué cansado se acostaba siempre! Nunca la escuchaba del todo. Le sonreía, eso sí, le sonreía con una sonrisa que ella sabía maquinal. La colmaba de caricias de las que él estaba ausente. ¿Por qué se había casado con ella? Para continuar una costumbre, tal vez para estrechar la vieja relación de amistad con su padre.

Tal vez la vida consistía para los hombres en una serie de costumbres consentidas y continuas.

raum, ruhten sogar die Augen aus, erfrischten sich. Die verblassten Baumwollgardinen, der Baum, der seinen Schatten wie aufgewühltes kaltes Wasser an die Wände warf, die Spiegel, die das Laub verdoppelten und sich in einen endlosen grünen Wald ausdehnten. Wie freundlich war dieses Zimmer! Es wirkte wie eine in ein Aquarium getauchte Welt. Wie geschwätzig, dieser riesige Gummibaum! Alle Vögel der Nachbarschaft suchten Schutz in ihm. Es war der einzige Baum in dieser engen abschüssigen Straße, die von einer Seite der Stadt her direkt zum Fluss abfiel.

«Ich bin beschäftigt. Ich kann dich nicht begleiten ... Ich habe viel zu tun, ich schaffe es nicht, zum Mittagessen zu kommen ... Hallo, ja, ich bin im Club. Eine Verabredung. Iss und geh zu Bett ... Nein, ich weiß nicht. Besser, du wartest nicht auf mich, Brígida.»

«Wenn ich Freundinnen hätte!» seufzte sie. Doch alle langweilten sich mit ihr. Wenn sie versuchen würde, etwas weniger dumm zu sein! Doch wie kann man von einem Tag zum anderen so viel verlorenes Land zurückgewinnen? Um intelligent zu sein, muss man von klein auf anfangen, nicht wahr?

Die Männer ihrer Schwestern allerdings nahmen ihre Frauen überall hin mit; nur Luis – warum sollte sie es nicht sich selber eingestehen? – schämte sich ihrer wegen ihrer Unwissenheit, wegen ihrer Schüchternheit und sogar wegen ihrer achtzehn Jahre. Hatte er sie nicht gebeten zu sagen, sie sei mindestens einundzwanzig, als wäre ihre große Jugend für beide ein geheimer Makel?

Und abends! Wie müde er immer zu Bett ging! Nie hörte er ihr richtig zu. Er lächelte, ja, er lächelte mit diesem Lächeln, von dem sie wusste, dass es rein mechanisch war. Er überschüttete sie mit Liebkosungen, wobei er jedoch abwesend war. Warum hatte er sie geheiratet? Um eine Gewohnheit fortzusetzen, vielleicht, um die alte Freundschaft mit ihrem Vater zu vertiefen.

Vielleicht bestand die für Männer das Leben aus einer Reihe von gutgeheißenen ständigen Gewohnheiten. So-

Si alguna llegaba a quebrarse, probablemente se producía el desbarajuste, el fracaso. Y los hombres empezaban entonces a errar por las calles de la ciudad, a sentarse en los bancos de las plazas, cada día peor vestidos y con la barba más crecida. La vida de Luis, por lo tanto, consistía en llenar con una ocupación cada minuto del día. ¡Cómo no haberlo comprendido antes! Su padre tenía razón al declararla retardada.

– Me gustaría ver nevar alguna vez, Luis.

– Este verano te llevaré a Europa y como allá es invierno podrás ver nevar.

– Ya sé que es invierno en Europa cuando aquí es verano. ¡Tan ignorante no soy!

A veces, como para despertarlo al arrebato del verdadero amor, ella se echaba sobre su marido y lo cubría de besos, llorando, llamándolo: Luis, Luis, Luis . . .

– ¿Qué? ¿Qué te pasa? ¿Qué quieres?

– Nada.

– ¿Por qué me llamas de ese modo, entonces?

– Por nada, por llamarte. Me gusta llamarte.

Y él sonreía, acogiendo con benevolencia aquel nuevo juego.

Llegó el verano, su primer verano de casada. Nuevas ocupaciones impidieron a Luis ofrecerle el viaje prometido.

– Brígida, el calor va a ser tremendo este verano en Buenos Aires. ¿Por qué no te vas a la estancia con tu padre?

–¿Sola?

– Yo iría a verte todas las semanas, de sábado a lunes.

Ella se había sentado en la cama, dispuesta a insultar. Pero en vano buscó palabras hirientes que gritarle. No sabía nada, nada. Ni siquiera insultar.

– ¿Qué te pasa? ¿En qué piensas, Brígida?

bald eine zerbrach, war vermutlich das Durcheinander, das Versagen da. Und dann fingen die Männer an, durch die Straßen der Stadt zu irren, sich auf die Bänke der Plazas zu setzen, von Tag zu Tag schlechter angezogen und mit immer längerem Bart. Folglich bestand das Leben von Luis darin, jede Minute des Tages mit einer Beschäftigung auszufüllen. Warum hatte sie das nicht schon vorher begriffen! Ihr Vater hatte recht, als er sie für zurückgeblieben erklärte.

«Ich würde gerne einmal sehen wie es schneit, Luis.»

«Diesen Sommer nehme ich dich mit nach Europa, und da dort Winter ist, wirst du sehen wie es schneit.»

«Ich weiß schon, dass in Europa Winter ist, wenn wir hier Sommer haben. So unwissend bin ich nicht!»

Manchmal, um ihn zu wahrer Liebesleidenschaft zu ermuntern, warf sie sich auf ihren Mann und bedeckte ihn mit Küssen, weinte und rief: Luis, Luis, Luis ...

«Was? Was ist mit dir? Was willst du?»

«Nichts.»

«Warum rufst du dann auf diese Weise meinen Namen?»

«Nur so, deinen Namen zu rufen. Ich rufe gern deinen Namen.»

Und er lächelte, wohlwollend spielte er das neue Spiel mit.

Der Sommer kam, ihr erster Sommer als verheiratete Frau. Neue Geschäfte hinderten Luis daran, die versprochene Reise mit ihr anzutreten.

«Brígida, es wird diesen Sommer in Buenos Aires wahnsinnig heiß werden. Warum fährst du nicht mit deinem Vater in das Landhaus?»

«Allein?»

«Ich käme dich jede Woche besuchen, von Sonnabend bis Montag.»

Sie hatte sich im Bett aufgesetzt, bereit, ihn zu beleidigen. Doch vergebens suchte sie verletzende Worte, um sie ihm an den Kopf zu werfen. Sie konnte nichts, nichts. Nicht einmal beleidigen.

«Was hast du? Woran denkst du, Brígida?»

Por primera vez Luis había vuelto sobre sus pasos y se inclinaba sobre ella, inquieto, dejando pasar la hora de llegada a su despacho.

– Tengo sueño – había replicado Brígida puerilmente, mientras escondía la cara en las almohadas.

Por primera vez él la había llamado desde el club a la hora del almuerzo. Pero ella había rehusado salir al teléfono, esgrimiendo rabiosamente el arma aquella que había encontrado sin pensarlo: el silencio.

Esa misma noche comía frente a su marido sin levantar la vista, contraídos todos sus nervios.

– ¿Todavía estás enojada, Brígida?

Pero ella no quebró el silencio.

– Bien sabes que te quiero, collar de pájaros. Pero no puedo estar contigo a toda hora. Suy un hombre muy ocupado. Se llega a mi edad hecho un esclavo de mil compromisos.

...

¿Quieres que salgamos esta noche? ...

...

– ¿No quieres? Paciencia. Dime, ¿llamó Roberto desde Montevideo?

...

– ¡Qué lindo traje! ¿Es nuevo?

...

– ¿Es nuevo, Brígida? Contesta, contéstame.

Pero ella tampoco esta vez quebró el silencio.

Y en seguida lo inesperado, lo asombroso, lo absurdo. Luis que se levanta de su asiento, tira violentamente la servilleta sobre la mesa y se va de la casa dando portazos.

Ella se había levantado a su vez, atónita, temblando de indignación por tanta injusticia. «Y yo, y yo – murmuraba desorientada –, yo que durante casi un año ... cuando por primera vez me permito un reproche ... ¡Ah, me voy, me voy esta misma noche! No volveré a pisar nunca más esta ca-

Zum ersten Mal war Luis wieder umgekehrt und beugte sich beunruhigt über sie und ließ die Zeit verstreichen, so dass er nicht pünktlich ins Büro kommen konnte.

«Ich bin müde», hatte Brígida einfältig geantwortet und das Gesicht in den Kissen versteckt.

Zum ersten Mal hatte er sie zur Mittagszeit vom Club aus angerufen. Doch sie hatte sich geweigert, ans Telefon zu gehen. Sie hatte wütend die Waffe geschwungen, die sie ohne großes Nachdenken gefunden hatte: das Schweigen.

Am selben Abend saß sie beim Essen ihrem Mann gegenüber, ohne den Blick zu heben, alle Nerven angespannt.

«Bist du immer noch ärgerlich, Brígida?»

Aber sie brach das Schweigen nicht.

«Du weißt sehr gut, dass ich dich liebe, Vogelkettchen. Aber ich kann nicht ständig um dich sein. Ich bin ein sehr beschäftigter Mann. In meinem Alter ist man Sklave von tausend Verpflichtungen.»

. . .

«Möchtest du, dass wir heute abend ausgehen?»

. . .

«Nein? Dann also nicht. Sag mir, hat Roberto aus Montevideo angerufen?»

. . .

«Was für ein hübsches Kleid! Ist es neu?»

. . .

«Ist es neu, Brígida? Antworte, antworte mir.»

Doch auch diesmal brach sie das Schweigen nicht.

Und dann das Unerwartete, das Erstaunliche, das Widersinnige. Luis erhebt sich von seinem Platz, wirft heftig die Serviette auf den Tisch und verlässt, indem er wütend die Türen zuschlägt, das Haus.

Brígida war ebenfalls aufgestanden, verstört, zitternd vor Entrüstung ob solcher Ungerechtigkeit. «Und ich, und ich», murmelte sie ratlos, «ich, die fast ein ganzes Jahr . . . und beim ersten Mal, dass ich mir einen Vorwurf erlaube . . . Ah, ich gehe, noch heute abend gehe ich! Nie wieder werde ich dieses Haus betreten . . .» Und wütend öffnete sie

sa ...» Y abría con furia los armarios de su cuarto de vestir, tiraba desatinadamente la ropa al suelo.

Fue entonces cuando alguien o algo golpeó en los cristales de la ventana.

Había corrido, no supo cómo ni con qué insólita valentía, hacia la ventana. La había abierto. Era el árbol, el gomero que un gran soplo de viento agitaba, el que golpeaba con sus ramas los vidrios, el que la requería desde afuera como para que lo viera retorcerse hecho una impetuosa llamarada negra bajo el cielo encendido de aquella noche de verano.

Un pesado aguacero no tardaría en rebotar contra sus frías hojas. ¡Qué delicia! Durante toda la noche, ella podría oír la lluvia azotar, escurrirse por las hojas del gomero como por los canales de mil goteras fantasiosas. Durante toda la noche oiría crujir y gemir el viejo tronco del gomero contándole de la intemperie, mientras ella se acurrucaría, voluntariamente friolenta, entre las sábanas del amplio lecho, muy cerca de Luis.

Puñados de perlas que llueven a chorros sobre un techo de plata. Chopin. *Estudios* de Federico Chopin.

¿Durante cuántas semanas se despertó de pronto, muy temprano, apenas sentía que su marido, ahora también él obstinadamente callado, se había escurrido del lecho?

El cuarto de vestir: la ventana abierta de par en par, un olor a río y a pasto flotando en aquel cuarto bienhechor, y los espejos velados por un halo de neblina.

Chopin y la lluvia que resbala por las hojas del gomero con ruido de cascada secreta, y parece empapar hasta las rosas de las cretonas, se entremezclan en su agitada nostalgia.

¿Qué hacer en verano cuando llueve tanto? 90
¿Quedarse el día entero en el cuarto fingiendo una 91

die Schränke in ihrem Ankleideraum, warf wahllos die Wäsche auf den Boden.

In diesem Augenblick klopfte jemand oder etwas an die Fensterscheiben.

Ohne zu wissen wie, noch woher sie den ungewohnten Mut genommen hatte, war sie zum Fenster gelaufen. Sie hatte es geöffnet. Es war der Baum, der Gummibaum, der, von einem starken Windstoß geschüttelt, mit seinen Ästen an die Fenster schlug; der von draußen nach ihr verlangte, damit sie sehen könne, wie er sich, in ein wildes schwarzes loderndes Feuer verwandelt, unter dem leuchtenden Himmel dieser Sommernacht bog.

Nur wenig später würde ein heftiger Regenguss auf seine kalten Blätter trommeln. Eine wahre Wonne! Die ganze Nacht lang würde sie hören können, wie der Regen die Blätter des Gummibaumes peitschte, an ihnen entlang lief wie durch Kanäle von tausend phantastischen Rinnsalen. Die ganze Nacht lang würde sie das Krachen und Stöhnen des alten Baumstammes hören, der ihr von dem Unwetter erzählte, während sie sich, freiwillig fröstelnd, in die Laken des großen Bettes einkuscheln würde, ganz nahe bei Luis.

Kaskaden von Perlen, die in Strömen auf ein silbernes Dach regnen. Chopin. Etüden von Frédéric Chopin.

Während wie vieler Wochen erwachte sie plötzlich ganz früh, sobald sie merkte, dass ihr Mann – auch er jetzt hartnäckig schweigend – sich aus dem Bett davongeschlichen hatte?

Der Ankleideraum: Das Fenster steht sperrangelweit offen; ein Duft nach Fluss und Gras schwebt durch das wohltuende Zimmer, die Spiegel sind von Nebelhauch beschlagen.

Chopin und der Regen, der an den Blättern des Gummibaumes mit dem Rauschen eines verborgenen Wasserfalles herabgleitet und sogar die Stoffrosen auf den Baumwollgardinen durchnässt, vermischen sich in ihrer unruhigen Sehnsucht.

Was tun im Sommer, wenn es so viel regnet? Den ganzen Tag im Zimmer bleiben, Bedürfnis nach Ruhe oder Traurig-

convalecencia o una tristeza? Luis había entrado tímidamente una tarde. Se había sentado muy tieso. Hubo un silencio.

– Brígida, ¿entonces es cierto? ¿Ya no me quieres?

Ella se había alegrado de golpe, estúpidamente. Puede que hubiera gritado: «No, no; te quiero, Luis, te quieró», si él le hubiera dado tiempo, si no hubiese agregado, casi de inmediato, con su calma habitual:

– En todo caso, no creo que nos convenga separarnos, Brígida. Hay que pensarlo mucho.

En ella los impulsos se abatieron tan bruscamente como se habían precipitado. ¡A qué exaltarse inútilmente! Luis la quería con ternura y medida; si alguna vez llegara a odiarla la odiaría con justicia y prudencia. Y eso era la vida. Se acercó a la ventana, apoyó la frente contra el vidrio glacial. Allí estaba el gomero recibiendo serenamente la lluvia que lo golpeaba, tranquilo y regular. El cuarto se inmovilizaba en la penumbra, ordenado y silencioso. Todo parecía detenerse, eterno y muy noble. Eso era la vida. Y había cierta grandeza en aceptarla así, mediocre, como algo definitivo, irremediable. Mientras del fondo de las cosas parecía brotar y subir una melodía de palabras graves y lentas que ella se quedó escuchando: «Siempre». «Nunca» . . .

Y así pasan las horas, los días y los años. ¡Siempre! ¡Nunca! ¡La vida, la vida!

Al recobrarse cayó en cuenta que su marido se había escurrido del cuarto.

¡Siempre! ¡Nunca! . . . Y la lluvia, secreta e igual, aún continuaba susurrando en Chopin.

El verano deshojaba su ardiente calendario. Caían páginas luminosas y enceguecedoras como espadas de oro, y páginas de una humedad mal-

keit vortäuschend? Eines Nachmittags war Luis schüchtern eingetreten. Hatte sich ganz steif hingesetzt. Es herrschte Schweigen.

«Brígida, es stimmt also? Du liebst mich nicht mehr?»

Sie hatte sich plötzlich gefreut, dummerweise. Vielleicht hätte sie gerufen: «Nein, nein, ich liebe dich Luis, ich liebe dich», wenn er ihr Zeit gelassen hätte, wenn er nicht mit seiner gewohnten Ruhe fast unmittelbar danach weitergesprochen hätte:

«Auf jeden Fall glaube ich nicht, dass es für uns angebracht wäre, dass wir uns trennen, Brígida. Das muss gut überlegt werden.»

Ihre Erregung verklang genau so schnell wie sie aufgetaucht war. Wozu sich unnötig aufregen! Luis liebte sie, zärtlich und maßvoll. Sollte er sie eines Tages hassen, würde er sie gerecht und mit Vorbedacht hassen. Und das war das Leben. Sie begab sich zum Fenster, lehnte die Stirn an die eiskalte Scheibe. Da stand der Gummibaum, gelassen empfing er den Regen, der ruhig und regelmäßig auf ihn prasselte. Das aufgeräumte und stumme, im Halbdunkel liegende Zimmer kam zum Stillstand. Alles schien stehenzubleiben, ewig und sehr erhaben. Das war das Leben. Es lag eine gewisse Größe darin, es hinzunehmen, mittelmäßig wie es ist, als etwas Endgültiges, Unabänderliches. Während am Grund der Dinge eine Melodie von tiefen, langsamen Worten zu entspringen und emporzusteigen schien, die sie vernahm: «Immer.» «Nie . . .»

Und so vergehen die Stunden, die Tage und die Jahre. Immer! Nie! Das Leben, das Leben!

Als sie sich wieder beruhigt hatte, stellte sie fest, dass ihr Mann sich aus dem Zimmer geschlichen hatte.

Immer! Nie! . . . Und der Regen, geheimnisvoll und gleichmäßig, flüsterte immer noch Copins Musik.

Der Sommer entblätterte seinen glühendheißen Kalender. Es fielen Seiten herab, leuchtend und blendend wie goldene Degen, und Seiten von einer ungesunden Feuchtig-

sana como el aliento de los pantanos; caían páginas de furiosa y breve tormenta, y páginas de viento caluroso, del viento que trae el «clavel del aire» y lo cuelga del inmenso gomero.

Algunos niños solían jugar al escondite entre las enormes raíces convulsas que levantaban las baldosas de la acera, y el árbol se llenaba de risas y de cuchicheos. Entonces ella se asomaba a la ventana y golpeaba las manos; los niños se dispersaban asustados, sin reparar en su sonrisa de niña que a su vez desea participar en el juego.

Solitaria, permanecía largo rato acodada en la ventana mirando el oscilar del follaje – siempre corría alguna brisa en aquella calle que se despeñaba directamente hasta el río – y era como hundir la mirada en un agua movediza o en el fuego inquieto de una chimenea. Una podía pasarse así las horas muertas, vacía de todo pensamiento, atontada de bienestar.

Apenas el cuarto empezaba a llenarse del humo del crepúsculo ella encendía la primera lámpara, y la primera lámpara resplandecía en los espejos, se multiplicaba como una luciérnaga deseosa de precipitar la noche.

Y noche a noche dormitaba junto a su marido, sufriendo por rachas. Pero cuando su dolor se condensaba hasta herirla como un puntazo, cuando la asediaba un deseo demasiado imperioso de despertar a Luis para pegarle o acariciarlo, se escurría de puntillas hacia el cuarto de vestir y abría la ventana. El cuarto se llenaba instantáneamente de discretos ruidos y discretas presencias, de pisadas misteriosas, de aleteos, de sutiles chasquidos vegetales, del dulce gemido de un grillo escondido bajo la corteza del gomero sumido en las estrellas de una calurosa noche estival.

Su fiebre decaía a medida que sus pies desnudos

keit wie der Atem der Moraste; es fielen Seiten eines heftigen, kurzen Gewitters und Seiten eines heißen Windes, des Windes der die «Luftnelke» bringt und sie an den riesigen Gummibaum hängt.

Ein paar Kinder pflegten zwischen den riesigen, weitverzweigten Wurzeln, die die Gehwegplatten hoben, Versteck zu spielen, und der Baum füllte sich mit Lachen und Getuschel. Dann erschien sie am Fenster und klatschte in die Hände; die Kinder liefen erschrocken auseinander, ohne auf das Lächeln eines Mädchens zu achten, das selber mitspielen möchte.

Einsam, wie sie war, blieb sie lange Zeit am Fenster aufgestützt und schaute in das wogende Laub – es blies immer eine sanfte Brise in dieser Straße, die direkt zum Fluss abfiel – und es war, wie wenn man den Blick in ein aufgewühltes Gewässer eintauchte oder in das unruhige Flackern eines Kaminfeuers. So konnte sie die toten Stunden durchstehen, bar aller Gedanken, benommen von Wohlgefühl.

Sobald sich das Zimmer mit dem Dunst der Dämmerung zu füllen begann, machte sie die erste Lampe an, und die erste Lampe glitzerte in den Spiegeln, vermehrte sich wie ein Glühwürmchen, das ungeduldig auf die Nacht wartet.

Und Nacht für Nacht schlief sie an der Seite ihres Mannes ein, zeitweilig leidend. Doch wenn ihr Schmerz sich zusammenballte und sie schließlich wie mit einem Stich verletzte, wenn eine allzu heftige Lust sie überkam, Luis zu wecken, um ihn zu schlagen oder zu streicheln – dann schlich sie auf Zehenspitzen in den Ankleideraum und öffnete das Fenster. Da füllte sich das Zimmer alsbald mit unauffälligen Geräuschen und unauffälligen Anwesenheiten, mit geheimnisvollen Schritten, mit Flattern, mit sanftem Rascheln von Pflanzen, mit dem süßen Klagen einer unter der Rinde des Gummibaumes versteckten Grille, eingetaucht in die Sterne einer warmen Sommernacht.

Ihr Fieber sank in dem Maße, in dem ihre nackten Füße

se iban helando poco a poco sobre la estera. No sabía por qué le era tan fácil sufrir en aquel cuarto.

Melancolía de Chopin engranando un estudio tras otro, engranando una melancolía tras otra, imperturbable.

Y vino el otoño. Las hojas secas revoloteaban un instante antes de rodar sobre el césped del estrecho jardín, sobre la acera de la calle en pendiente. Las hojas se desprendían y caían . . . La cima del gomero permanecía verde, pero por debajo el árbol enrojecía, se ensombrecía como el forro gastado de una suntuosa capa de baile. Y el cuarto parecía ahora sumido en una copa de oro triste.

Echada sobre el diván, ella esperaba pacientemente la hora de la cena, la llegada improbable de Luis. Había vuelto a hablarle, había vuelto a ser su mujer, sin entusiasmo y sin ira. Ya no lo quería. Pero ya no sufría. Por el contrario, se había apoderado de ella una inesperada sensación de plenitud, de placidez. Ya nadie ni nada podría herirla. Puede que la verdadera felicidad esté en la convicción de que se ha perdido irremediablemente la felicidad. Entonces empezamos a movernos por la vida sin esperanzas ni miedos, capaces de gozar por fin todos los pequeños goces, que son los más perdurables.

Un estruendo feroz, luego una llamarada blanca que la echa hacia atrás toda temblorosa.

¿Es el entreacto? No. Es el gomero, ella lo sabe.

Lo habían abatido de un solo hachazo. Ella no pudo oír los trabajos que empezaron muy de mañana. «Las raíces levantaban las baldosas de la acera y entonces, naturalmente, la comisión de vecinos . . .»

Encandilada se ha llevado las manos a los ojos. Cuando recobra la vista se incorpora y mira a su alrededor. ¿Qué mira?

auf der Strohmatte langsam kalt wurden. Sie wusste nicht, warum es ihr so leicht fiel, in diesem Zimmer zu leiden.

Melancholie von Chopin, dessen Etüden eine nach der anderen ineinandergreifen, dessen Melancholien eine nach der anderen ineinandergreifen, unerschütterlich.

Und es kam der Herbst. Die trockenen Blätter flatterten einen Augenblick umher, bevor sie auf den Rasen des schmalen Gartens fielen, auf den Gehsteig der steil abfallenden Straße. Die Blätter lösten sich und fielen ... Der Wipfel des Gummibaumes blieb grün, aber darunter wurde der Baum rot, dunkelte nach wie das abgenutzte Futter eines kostbaren festlichen Umhanges. Und das Zimmer schien jetzt wie in einen traurigen goldenen Becher getaucht.

Auf dem Sofa liegend, wartete sie geduldig auf die Zeit des Abendessens, auf die unwahrscheinliche Ankunft von Luis. Sie sprach wieder mit ihm, sie war wieder seine Frau geworden, ohne Begeisterung und ohne Zorn. Sie liebte ihn nicht mehr. Aber sie litt nicht mehr. Im Gegenteil, ein unerwartetes Gefühl von Ausgefülltsein, von Gelassenheit, hatte von ihr Besitz ergriffen. Niemand und nichts würde sie mehr verletzen können. Vielleicht liegt das wahre Glück in der Überzeugung, dass man endgültig das Glück verloren hat. Dann fangen wir an, ohne Hoffnungen und ohne Ängste durch das Leben zu gehen und sind imstande, uns an all den kleinen Freuden, die die dauerhaftesten sind, zu erfreuen.

Ein furchtbares Getöse, dann eine weiße Flamme, die sie zitternd zurückschrecken läßt.

Ist es die Pause? Nein. Es ist der Gummibaum, sie weiß es.

Mit einem einzigen Axtschlag hatten sie ihn gefällt. Sie konnte die Arbeiten nicht hören, die in aller Frühe begannen. «Die Wurzeln haben die Gehwegplatten gehoben und dann, natürlich, die Nachbarschaft ...»

Geblendet hat sie sich mit den Händen die Augen zugehalten. Als sie wieder sehen kann, richtet sie sich auf und sieht um sich. Was sieht sie?

¿La sala de concierto bruscamente iluminada, la gente que se dispersa?

No. Ha quedado aprisionada en las redes de su pasado, no puede salir del cuarto de vestir. De su cuarto de vestir invadido por una luz blanca aterradora. Era como si hubieran arrancado el techo de cuajo; una luz cruda entraba por todos lados, se le metía por los poros, la quemaba de frío. Y todo lo veía a la luz de esa fría luz: Luis, su cara arrugada, sus manos que surcan gruesas venas desteñidas, y las cretonas de colores chillones.

Despavorida ha corrido hacia la ventana. La ventana abre ahora directamente sobre una calle estrecha, tan estrecha que su cuarto se estrella, casi contra la fachada de un rascacielos deslumbrante. En la planta baja, vidrieras y más vidrieras llenas de frascos. En la esquina de la calle, una hilera de automóviles alineados frente a una estación de servicio pintada de rojo. Algunos muchachos, en mangas de camisa, patean una pelota en medio de la calzada.

Y toda aquella fealdad había entrado en sus espejos. Dentro de sus espejos había ahora balcones de níquel y trapos colgados y jaulas con canarios.

Le habían quitado su intimidad, su secreto; se encontraba desnuda en medio de la calle, desnuda junto a un marido viejo que le volvía la espalda para dormir, que no le había dado hijos. No comprende cómo hasta entonces no había deseado tener hijos, cómo había llegado a conformarse a la idea de que iba a vivir sin hijos toda su vida. No comprende cómo pudo soportar durante un año esa risa de Luis, esa risa demasiado jovial, esa risa postiza de hombre que se ha adiestrado en la risa porque es necesario reír en determinadas ocasiones.

¡Mentira! Eran mentiras su resignación y su serenidad; quería amor, sí, amor, y viajes y locuras, y amor, amor . . .

Den plötzlich erhellten Konzertsaal, die Leute, die auseinandergehen?

Nein. Sie ist in den Netzen ihrer Vergangenheit gefangen geblieben, sie kann nicht aus dem Ankleideraum herausgehen. Aus ihrem Ankleideraum, der jetzt von einem schrecklichen weißen Licht überflutet ist. Es war, als hätte man das Dach in einem Stück weggerissen; ein grelles Licht kam von allen Seiten herein, drang in ihre Poren, verbrannte sie mit seiner Kälte. Und alles sah sie im Schein dieses kalten Lichts: Luis, sein faltiges Gesicht, seine von dicken, verblichen Venen durchzogenen Hände, die Baumwollgardinen mit ihren schreienden Farben.

Entsetzt ist sie zum Fenster gerannt. Das Fenster öffnet sich jetzt genau über einer schmalen Straße, so schmal, dass ihr Zimmer beinahe an der Fassade eines alles überstrahlenden Wolkenkratzers zerschellt. Im Erdgeschoss sind Schaufenster über Schaufenster voller Flaschen. An der Straßenecke steht eine lange Reihe Autos vor einer rot angestrichenen Tankstelle. Ein paar hemdsärmelige Burschen spielen mit einem Fußball mitten auf der Fahrbahn.

Und all diese Hässlichkeit war in ihre Spiegel eingetreten. In ihren Spiegeln gab es jetzt Nickelbalkone und aufgehängte Lumpen und Käfige mit Kanarienvögeln.

Sie hatten ihr ihre Intimität genommen, ihr Geheimnis; sie fühlte sich nackt, mitten auf der Straße, nackt neben einem alten Ehemann, der ihr beim Einschlafen den Rücken zudrehte, der ihr keine Kinder gegönnt hatte. Sie versteht nicht, dass sie sich bis dahin nie Kinder gewünscht hatte, dass sie sich mit dem Gedanken zufrieden gegeben hatte, ihr ganzes Leben ohne Kinder zu bleiben. Sie versteht nicht, wie sie ein Jahr lang dieses Lachen von Luis ertragen konnte, dieses zu freundliche Lachen, dieses künstliche Lachen eines Mannes, der sich im Lachen geübt hat, weil es bei bestimmten Gelegenheiten notwendig ist, zu lachen.

Lüge! Ihre Selbstaufgabe und ihre Ausgeglichenheit waren Lügen. Liebe wollte sie, ja, Liebe und Reisen und Verrücktheiten, und Liebe, Liebe . . .

– Pero, Brígida, ¿por qué te vas?, ¿por qué te quedabas? – había preguntado Luis.

Ahora habría sabido contestarle:

– ¡El árbol, Luis, el árbol! Han derribado el gomero.

«Aber Brígida, warum gehst du, warum bliebst du?» hatte Luis gefragt.

Jetzt hätte sie die Antwort gewusst:

«Der Baum, Luis, der Baum! Sie haben den Gummibaum gefällt.»

José Donoso
El hombrecito

Desde mi primera infancia vi que en mi casa el asunto de los «hombrecitos» era problema serio. ¿Quién iba a encerar? ¿Quién se haría cargo de revisar las tejuelas de alerce y de darles una mano de aceite antes del invierno? ¿Quién lavaría los vidrios, limpiaría la chimenea, repararía el gallinero derribado a medias por el último ventarrón? La respuesta era invariable: el «hombrecito».

Pero resultaba que los «hombrecitos» pertenecían a una raza elusiva, escasa, terriblemente imperfecta, de manera que las crisis eran tan frecuentes como premiosas. Mi madre, desesperándose más y más a medida que iba viendo acumularse tanta cosa urgente que hacer, acudía a mi padre para que la ayudara a solucionar sus problemas de «hombrecito». Pero él, sin levantar la vista de su texto de medicina, murmuraba:

– ¿Por qué no le dices a la María Salinas o a la Fanny que te presten sus «hombrecitos»? A ellas nunca les faltan ...

– Tú vives en la Luna ... – murmuraba mi madre.

Amurrada con el reproche entrevisto, subía a encerrarse en su cuarto, mientras mi padre, que la oyera apenas, se enfrascaba de nuevo en su tomo. Para su mujer todo el que no sufriera de lleno la angustia de los problemas domésticos vivía fuera de lo que llamaba «la realidad», es decir, en la Luna.

Mi hermano menor y yo compartíamos la misma habitación. En la noche, apagadas todas las luces, abríamos de par en par las persianas para asomar la cabeza entre la yedra que las enmarcaba. En el silencio de la noche veraniega y despejada se
oía el chorro de la manguera con que alguien 102
refrescaba el césped. O divisábamos a la «China», 103

José Donoso
Der Hombrecito

Seit meiner frühesten Kindheit wusste ich, dass bei mir zu Hause die Sache mit den Hombrecitos, den «Männchen», eine lebenswichtige Frage war. Wer würde bohnern? Wer würde es übernehmen, die Lärchenschindeln auf dem Dach zu überprüfen und sie vor dem Winter mit Öl einzulassen? Wer würde die Fenster putzen, den Kamin reinigen, den vom letzten Sturm halb umgestürzten Hühnerstall ausbessern? Die Antwort lautete stets: der Hombrecito.

Tatsache war jedoch, dass die Hombrecitos zu einer kaum verfügbaren, seltenen, furchtbar unvollkommenen Sorte von Menschen gehörten, so dass die Krisen ebenso häufig wie bedrängend waren. Meine Mutter, die um so verzweifelter wurde, je mehr sie sah, wie viele Sachen sich anhäuften, die unbedingt zu erledigen waren, wandte sich an meinen Vater, damit er ihr bei der Lösung ihrer Hombrecito-Probleme helfe. Doch er, ohne von seinem medizinischen Fachbuch aufzuschauen, murmelte:

«Warum sagst du nicht der María Salinas oder der Fanny, sie sollen dir ihre Hombrecitos leihen? Ihnen fehlen nie welche ...»

«Du lebst ja auf dem Mond», murmelte meine Mutter.

Verärgert ob des versteckten Vorwurfs ging sie nach oben und schloss sich in ihrem Zimmer ein, während mein Vater, der ihr kaum zugehört hatte, sich wieder in sein Buch vertiefte. Für seine Frau lebte jeder, der nicht vollständig das Leid der häuslichen Probleme erfuhr, außerhalb dessen, was sie «die Wirklichkeit» nannte, also auf dem Mond.

Mein jüngerer Bruder und ich teilten uns ein Zimmer. Nachts, wenn alle Lichter gelöscht waren, öffneten wir die Fensterläden sperrangelweit und beugten den Kopf aus dem von Efeu umrankten Fenster. In der stillen, wolkenlosen Sommernacht hörte man den Wasserstrahl aus dem Gartenschlauch, mit dem jemand den Rasen erfrischte. Oder wir entdeckten die «China», unsere riesige Schäferhündin, die

nuestra enorme perra overa, husmeando entre las flores desteñidas por la noche clara. Mi hermano decía distinguir en el rostro campechano de la luna llena color limón, encaramada allá encima del techo de la casa de enfrente, las facciones de nuestro padre. Yo, en cambio, aguardaba que hendiendo el aire del jardín se elevara como un brujo bonachón hacia el satélite benigno, donde, según mi madre, existía un hogar para todos los que no comprendieran cabalmente que la escasez de «hombrecitos» era una auténtica hecatombe doméstica.

Los «hombrecitos» rara vez duraban mucho en casa. Algunos parecían perfectos al comienzo, pero al descubrirse sin tardanza que no eran precisamente ejemplos de honradez ni de actividad, se les anunciaba que sus servicios ya no eran necesarios. Otros, los menos avisados, cometían la torpeza de enemistarse con la María Vallejos, nuestra vieja dictadora de la cocina, que entonces les servía tan menguado puchero y de tan mal modo, que por resolución propia no regresaban. Pero el mayor número de «hombrecitos» se perdía porque sí, en busca qué sé yo de qué imprecisos horizontes o libertades, reapareciendo por casa muy de tarde en tarde en busca de trabajo.

Muchísimos «hombrecitos» vinieron, trabajaron para nosotros intermitentemente y desaparecieron. Cucho, por ejemplo, con su ojo borroneado por una nube celeste. Y Ambrosio, que fuera sacristán y conservaba algo de untuoso y blanquecino. Y Juan el Tonto, apodado así para distinguirlo de otro del mismo nombre.

Pero más que a todos recuerdo a Juan Vizcarra, príncipe y modelo entre «hombrecitos», que tuvo el más largo aunque interrumpido reinado en neustra casa.

Una tarde mi madre llegó radiante de satisfac- 104
ción. Lanzó su sombrero en cualquier sitio, y 105

die in der hellen Nacht blass erscheinenden Blumen beschnupperte. Mein Bruder behauptete, in dem freundlichen Gesicht des zitronenfarbenen Vollmonds, der dort über das Dach des Hauses gegenüber geklettert war, die Züge unseres Vaters erkennen zu können. Ich dagegen erwartete, dass der Vater durch die Luft des Gartens fliegen und wie ein freundlicher Hexenmeister zu dem wohlwollenden Erdtrabanten aufsteigen würde, wo es laut meiner Mutter ein Heim für all jene gab, die nicht recht verstünden, dass die Knappheit an Hombrecitos eine wahre häusliche Katastrophe darstellte.

Die Hombrecitos blieben nur selten lange Zeit bei uns. Manche schienen anfangs vollkommen zu sein, doch sobald man entdeckte, dass sie nicht Muster an Ehrlichkeit oder Tüchtigkeit waren, eröffnete man ihnen, dass ihre Dienste nun nicht mehr vonnöten seien. Andere, weniger schlaue, begingen den Fehler, sich mit der María Vallejos, unserem alten Küchendrachen, zu überwerfen, die ihnen dann höchst unfreundlich einen dermaßen kärglichen Eintopf vorsetzte, dass sie aus eigenem Entschluss wegblieben. Doch die meisten Hombrecitos kamen einfach nur so abhanden, auf der Suche nach was weiß ich für ungewissen Horizonten oder Freiheiten, und tauchten dann arbeitssuchend ab und zu wieder mal bei uns auf.

Viele Hombrecitos kamen, arbeiteten zeitweise für uns und verschwanden. Cucho, zum Beispiel, mit seinem von einer Himmelswolke getrübten Auge. Und Ambrosio, einst Mesner, der etwas von der salbungsvollen, bleichen Art beibehalten hatte. Und der Dumme Juan, der so genannt wurde, um ihn von einem anderen gleichen Namens zu unterscheiden.

Doch am besten erinnere ich mich an Juan Vizcarra. Er war der Fürst und Inbegriff aller Hombrecitos. Seine Regierungszeit war, wenn auch mit Unterbrechungen, die längste bei uns.

Eines Nachmittags kam meine Mutter vor Zufriedenheit strahlend nach Hause. Sie warf ihren Hut irgendwo hin,

después de alisarse brevemente la melena frente al espejo grande de la entrada y de contemplar de reojo el volumen misterioso que su silueta iba tomando, besó a mi padre, que leía junto a la chimenea. Se sentó a su lado. Él la observó por el rabillo del ojo, adivinando que su mujer por fin había resuelto alguno de sus trágicos problemas domésticos. Dijo vagamente:

– Vienes contenta . . .

Yo tenía siete años. Pero como sabía que a mi madre le gustaba que le sonsacaran sus preocupaciones con ruegos y añuñúes, no me sorprendió oírle decir:

– Mm, sí, más o menos . . .

Mi padre siguió sumergido en la lectura, dejando pasar el tiempo hasta que su mujer ya no fuera capaz de contener su impaciencia por contarlo todo. Como de costumbre, la mirada de mi madre recorría la sala en busca de algo que corregir, de alguna cosa que poner en orden. De pronto se fijó en mí. Recostado junto a la «China», cuyo vientre, igual que el de mi madre, se inflara tan prodigiosamente en los últimos meses, me entretenía en cortar ilustraciones de revistas viejas. Mis calcetines y zapatos estaban manchados con barro porque, eludiendo toda vigilancia, me había pasado la tarde lluviosa jugando solo en el jardín.

– ¿Por qué estás tan sucio?

Como si tal cosa, seguí recortando ilustraciones.

– ¿Por qué estás tan sucio? ¿No he dicho que no te dejen salir al jardín cuando está lloviendo? ¡Apenas salgo, la casa anda patas arriba! ¡Yo no sé en qué piensan! ¡Todos viven en la Luna! Mira a tu papá, ¿crees que con la nariz metida en su libro se da cuenta de la realidad de las cosas?

Parpadeaba lista para llorar. Mi padre se sacó los anteojos y poniéndolos en la página que leía cerró el libro sobre ellos. Pasó un brazo en torno a

und nachdem sie sich vor dem großen Spiegel am Eingang kurz das Haar glattgestrichen und einen verstohlenen Blick auf ihren geheimnisvoll veränderten Leibesumfang geworfen hatte, küsste sie meinen Vater, der am Kamin saß und las. Sie setzte sich neben ihn. Er beobachtete sie aus den Augenwinkeln und erriet, dass seine Frau endlich eines ihrer tragischen häuslichen Probleme gelöst hatte. Zerstreut sagte er:

«Du bist ja so froh ...»

Ich war sieben Jahre alt. Doch da ich wusste, dass es meine Mutter gern hatte, wenn man ihr mit Bitten und Schmeicheleien ihre Probleme entlockte, war ich nicht überrascht, sie sagen zu hören:

«Hm, ja, einigermaßen.»

Mein Vater blieb weiter in seine Lektüre vertieft und ließ Zeit verstreichen, bis seine Frau ihre Ungeduld nicht länger zügeln könnte und ihm alles berichten würde. Wie üblich schweifte der Blick meiner Mutter im Zimmer umher, auf der Suche nach etwas, das verbessert oder in Ordnung gebracht werden könnte. Plötzlich bemerkte sie mich. An die «China» gelehnt, deren Bauch in den letzten Monaten ganz erstaunlicherweise ebenso angeschwollen war wie der meiner Mutter, beschäftigte ich mich damit, Bilder aus alten Zeitschriften auszuschneiden. Meine Strümpfe und Schuhe waren von Erde schmutzig, denn ich hatte mich jeder Aufsicht entzogen und den verregneten Nachmittag allein im Garten spielend verbracht.

«Warum bist du so schmutzig?»

Als hätte ich nichts gehört, schnitt ich weiter Bilder aus.

«Warum bist du so schmutzig? Habe ich nicht gesagt, man solle dich nicht in den Garten lassen, wenn es regnet? Kaum gehe ich weg, steht das ganze Haus Kopf. Ich weiß nicht, was ihr euch denkt. Alle leben auf dem Mond! Schau deinen Papa an, glaubst du, dass er merkt, was wirklich los ist, wenn er die Nase in sein Buch steckt?»

Sie blinzelte, bereit loszuweinen. Mein Vater nahm die Brille ab, legte sie auf die Seite, die er las und schloss das Buch darüber. Er legte einen Arm um seine Frau und zog sie

su mujer y la atrajo hacia sí. Ella se resistió al comienzo, pero fue cediendo y quedaron muy próximos, hablando en voz baja. Mi padre escuchaba embelesado:

– . . . y por fin conseguí que la Teresa Barriga me prestara un «hombrecito» que tiene, pero vieras que me costó convencerla. Eso sí que es un chiquillo no más, pero de lo más bueno y trabajador dicen. Mañana va a venir a trabajar aquí . . .

Siguieron conversando, ahora de cosas que no comprendí. Yo ya no existía para ellos. La «China» roncaba hecha un ovillo desmesurado fente a la chimenea. Sin que nadie lo notara, reuní mis papeles y subí a mi cuarto en puntillas.

Juan Vizcarra hizo su aparición al día siguiente. Por aquel tiempo era un muchachote lozano y muy moreno, de unos diecisiete años, diez más que yo. Tenía las piernas más bien cortas, el cuello grueso y el tronco potente y carnoso. Su rostro despejado se abría de pronto en una sonrisa tan amplia que parecía comprometer a su persona entera.

Cuando llegué del kindergarten esa tarde, lo divisé parado en la canaleta del alero más elevado. Con admirable malicia y precisión iba silbando una tonadilla. Daba grandes zancadas seguras, como quien camina por tierra firme.

– Se va a caer – dije a la empleada que traía mi bolsón.

Juan se volvió, equilibrado como por arte de magia.

– ¡Hola, chiquillo! – exclamó desde lo alto.

Viendo que acompañaba sus palabras con un ademán de baile, me acerqué a la empleada y repetí en voz un poco más débil:

– Se va a caer . . .

Juan bajó la escala no como todos, sino colgado
de las manos de tramo en tramo, como un acróba- 108
ta. Al llegar a tierra se inclinó en una reverencia 109

zu sich heran. Erst wehrte sie sich dagegen, doch dann gab sie nach, und sie blieben, leise sprechend, eng umschlungen. Entzückt hörte mein Vater zu:

«... und endlich gelang es mir, dass die Teresa Barriga mir ein Hombrecito von sich leiht; du hättest sehen sollen, wie schwer es war, sie zu überzeugen. Zwar ist es nur ein kleiner Junge, aber sie sagen er sei besonders tüchtig und fleißig. Morgen kommt er, um hier zu arbeiten ...»

Sie unterhielten sich weiter, nun über Dinge, die ich nicht verstand. Ich war für sie nicht mehr vorhanden. Die «China» lag wie ein übergroßes Knäuel vor dem Kamin und schnarchte. Ohne dass es jemand bemerkte, nahm ich meine Blätter und ging auf Zehenspitzen in mein Zimmer hinauf.

Juan Vizcarra erschien am nächsten Tag. Zu jener Zeit war er ein stattlicher, sehr dunkelhäutiger Bursche von ungefähr siebzehn, zehn Jahre älter als ich. Seine Beine waren eher kurz, der Hals dick, und der Oberkörper kräftig und muskulös. Sein offenes Gesicht verzog sich immer mal zu einem so strahlenden Lächeln, dass es seine ganze Person zu offenbaren schien.

Als ich am Nachmittag vom Kindergarten kam, sah ich ihn am höchsten Dachvorsprung auf der Regenrinne stehen. Mit bewundernswerter Verschmitztheit und Genauigkeit pfiff er ein Liedchen. Er bewegte sich mit großen, sicheren Schritten, als habe er festen Boden unter den Füßen.

«Er wird fallen», sagte ich dem Hausmädchen, das meine Umhängetasche trug.

Juan drehte sich um; wie durch Zauberkraft bewahrte er das Gleichgewicht.

«Hallo, Kleiner!» rief er von oben.

Als ich sah, wie er seine Worte mit einer tänzerischen Geste begleitete, näherte ich mich dem Hausmädchen und wiederholte mit etwas schwächerer Stimme:

«Er wird fallen ...»

Juan kletterte die Leiter nicht wie andere Leute herab, sondern hangelte sich Stück für Stück an den Händen herunter wie ein Akrobat. Unten angekommen, machte er eine

circense tan expresiva que me hizo reír. La empleada me tomó de la mano y me metió a la casa porque el té ya estaba listo. Ella y las otras empleadas comenzaron a cloquear en torno mío sirviéndomelo, pero yo no era hoy el centro de sus atenciones: por sus comentarios comprendí que Juan Vizcarra las tenía fascinadas. La María Vallejos, oscura como una cucaracha, odiaba a la gente morena. Como para ella la mayor virtud del mundo, fuera de ser devoto de San Antonio de Padua, era tener la tez clara y el cabello rubio, me extrañó oírle decir a sus compañeras:

– Juan Vizcarra es negro te diré, niña, pero simpático, de lo más simpático y trabajador . . .

Este entusiasmo era insólito, porque las tres mujeres que nos servían miraban con bastante recelo a los «hombrecitos». Tanto, que éstos rara vez almorzaban con ellas en la cocina: su ración les era servida en los confines de la casa, detrás del frambuesal, en una especie de mediagua que llamábamos el lavadero. Además, las empleadas mantenían estrictísima vigilancia sobre los «hombrecitos» para delatar la más mínima infracción a la honradez o al celo en el trabajo. Pero por el almuerzo de Juan Vizcarra no temí: sin duda comería con ellas, obteniendo las presas más suculentas de la cazuela y tal vez un vaso del buen vino de mi padre.

Juan Vizcarra continuó viniendo a casa regularmente. Mi madre, a pesar de su parto inminente, tenía holgura para regocijarse de la existencia de tan perfecto «hombrecito».

A nosotros nos contaron que el hermano que mi abuelita nos enviara desde París se hallaba pronto a llegar. Pero a través de ciertas conversaciones adivinamos en la gordura superlativa de mi madre alguna misteriosa relación con la llegada del niño. Lo curioso era que otro tanto sucedía

so ausdrucksvolle Zirkus-Verbeugung, dass ich lachen musste. Das Hausmädchen nahm mich an die Hand und brachte mich ins Haus, denn der Tee war fertig. Sie und die anderen Angestellten gackerten um mich herum, während sie mich bedienten, doch heute war ich nicht der Mittelpunkt ihrer Aufmerksamkeit. Ihren Bemerkungen entnahm ich, dass Juan Vizcarra sie bezaubert hatte. Die María Vallejos, dunkel wie eine Küchenschabe, hasste dunkelhäutige Menschen. Da für sie die größte Tugend der Welt – abgesehen davon, den heiligen Antonius von Padua zu verehren – darin bestand, hellhäutig und blond zu sein, wunderte ich mich, als ich sie zu ihren Kameradinnen sagen hörte:

«Juan Vizcarra mag schwarz sein, Mädchen, aber er ist nett, wirklich nett und fleißig ...»

Diese Begeisterung war ungewöhnlich, denn die drei Frauen, die bei uns dienten, begegneten den Hombrecitos mit starkem Misstrauen. Das ging so weit, dass diese nur selten mit ihnen in der Küche Mittag essen durften: ihr Essen wurde im hintersten Winkel des Hauses, hinter den Himbeersträuchern ausgeteilt, in einer Art Nebengebäude, das wir die Waschküche nannten. Die Hausmädchen passten übrigens sehr genau auf die Hombrecitos auf, um den geringsten Verstoß gegen die Ehrlichkeit oder den Diensteifer zu melden. Doch um das Mittagessen von Juan Vizcarra fürchtete ich nicht: ohne Zweifel würde er mit ihnen essen, die schmackhaftesten Stücke aus der Pfanne bekommen und vielleicht ein Glas von dem guten Wein meines Vaters.

Juan Vizcarra kam weiterhin regelmäßig zu uns. Trotz ihrer bevorstehenden Entbindung konnte meine Mutter sich über die Anwesenheit eines so vollkommenen Hombrecito freuen.

Man erzählte uns, dass der Bruder, den meine Oma uns aus Paris geschickt hatte, bald ankommen würde. Doch aus gewissen Unterhaltungen errieten wir, dass die außerordentliche Dickleibigkeit meiner Mutter in einem geheimnisvollen Zusammenhang mit der Ankunft des Kindes stand. Seltsamerweise geschah etwas ähnliches mit der

a la «China», aunque jamás oímos decir que el envío de la abuela incluyera perritos. La relación era muy confusa.

Por la noche, en el dormitorio, nuestras conjeturas se trizaban de incertidumbre. Apagada la luz, el silencio pesaba como nunca. Lentamente, la respiración acompasada de mi hermano se desprendía del silencio, y de la oscuridad, la ola blanca de su sábana y su almohada.

– Oye – murmuró de pronto.

– ¿Qué?

– Mañana nos van a mandar a la casa de la tía Teresa.

– ¿Y por qué?

– Porque mañana llega el hermanito.

Callamos. Pronto oí sollozos apagados.

– ¿Qué te pasa?

– Nada ...

– Cállate entonces ...

– Es que la «China» se estaba quejando y la María Vallejos dijo que se iba a morir. Y está gorda de las mismas partes que mi mamá ...

– No seas tonto.

Al otro día nos enviaron temprano donde la tía Teresa Barriga, en la cuadra siguiente. Pero inmediatamente después del té, que esperamos porque siempre había pan de huevo, papayas confitadas y queques, huimos a casa. Juan Vizcarra nos abrió la reja.

– Se van a enojar con ustedes – nos advirtió –. El hermanito está naciendo.

No sabíamos qué hacer, qué preguntar. Aguardábamos las palabras o los hechos con que Juan Vizcarra seguramente aclararía el misterio que los grandes nos velaban. Él era el único en que se podía confiar.

– Vengan, los voy a esconder para que no los castiguen.

«China», obwohl wir niemals hörten, dass Großmutters Paket auch junge Hunde enthielt. Der Zusammenhang war recht unklar.

Des Nachts, im Schlafzimmer, überschlugen sich unsere Mutmaßungen vor Ungewissheit. Nachdem das Licht gelöscht war, lastete die Stille schwerer denn je. Langsam lösten sich die gleichmäßigen Atemzüge meines Bruders von der Stille, und die weiße Welle seines Lakens und sein Kopfkissen von der Dunkelheit.

«Hör mal», murmelte er plötzlich.

«Ja?»

«Morgen schicken sie uns zur Tante Teresa.»

«Und warum?»

«Weil morgen der kleine Bruder kommt.»

Wir schwiegen. Dann hörte ich unterdrücktes Schluchzen.

«Was hast du?»

«Nichts ...»

«Dann sei still ...»

«Es ist nur, dass die ‹China› gewinselt hat und die María Vallejos gesagt hat, sie werde sterben. Und sie ist an den gleichen Stellen dick wie die Mama ...»

«Sei nicht blöd.»

Am nächsten Tag schickten sie uns frühmorgens zur Tante Teresa Barriga, die in der nächsten Straße wohnte. Doch gleich nach dem Tee, auf den wir gewartet hatten, weil es immer süßes Brot, kandierte Papayas und Kuchen gab, entwischten wir nach Hause. Juan Vizcarra öffnete uns das Gittertor.

«Sie werden mit euch schimpfen», warnte er uns. «Das Brüderchen kommt gerade zur Welt.»

Wir wussten nicht, was wir tun, was wir fragen sollten. Wir warteten auf Worte oder Tatsachen, mit denen Juan Vizcarra sicherlich das Geheimnis lüften würde, das die Großen uns verbargen. Er war der einzige, dem man vertrauen konnte.

«Kommt, ich werde euch verstecken, damit sie euch nicht bestrafen.»

Nos tomó de la mano y nos condujo al lavadero. En lo más oscuro, la «China» yacía en un jergón. No se levantó meneando la cola como de costumbre, sino que, apoyando la cabezota en las patas, nos miró.

– ¿Se va a morir? – preguntó mi hermano. Sus labios temblaban, todavía rodeados de migajas de queque.

Juan replicó que no. A punto de llorar pregunté si mi mamá se iba a morir. Juan rió diciendo que claro que no, que estaba muy bien.

– ¿Y, entonces, por qué está enferma la «China»?

– Acérquense – murmuró . Miren . . .

Los tres nos arrodillamos junto al jergón. Dos ovillos ciegos salpicados de blanco y negro se hallaban prendidos a las tetas de la perra. La «China» movió la cola débilmente. Después dejó de hacerlo y Juan Vizcarra se puso serio.

Conteniendo la respiración y sin parpadear, contemplamos las maniobras de nuestro «hombrecito» para ayudar al nacimiento del último perro. Yo poseía unas vagas nociones maliciosas, de modo que casi reí al ver lo que Juan estaba haciendo, pero un quejido muy delgado de la «China» me forzó a clavar la atención sobresaltada en lo que sucedía. El perro nació empapado, evuelto en una substancia café. Después de limpiarlo, su madre lo empujó una y otra vez con la punta de la nariz, con una pata, pero el perro no se movió: estaba inerte, como un trapo. Mi hermano comenzó a lloriquear por lo bajo. Las lágrimas acudieron a mis ojos. Las contuve sólo porque yo era un año mayor. Juan contemplaba el perro con el ceño fruncido:

– Chit . . ., no llores, si va a vivir . . . – murmuró sin levantar la vista.

Y comenzó a pulsar las patas débiles, a presionar lentamente, rítmicamente el cuerpo del animalito entre sus grandes dedos colorados y sucios. Siguió

Er nahm uns an die Hand und führte uns zur Waschküche. Da, wo es am dunkelsten war, lag die «China» auf einem Strohsack. Sie sprang nicht wedelnd auf wie sonst, sondern stützte den großen Kopf auf die Pfoten und schaute uns an.

«Wird sie sterben?» fragte mein Bruder. Seine Lippen, die noch ringsherum voller Kuchenkrümel waren, zitterten.

Juan sagte Nein. Fast weinend fragte ich, ob meine Mutter sterben würde. Juan sagte lachend: natürlich nicht, es gehe ihr sehr gut.

«Aber warum ist denn dann die ‹China› krank?»

«Kommt näher», murmelte er. Schaut mal ...

Wir knieten uns alle drei vor den Strohsack hin. Zwei blinde, schwarzweiß gefleckte Knäuel hingen an den Zitzen der Hündin. Die «China» bewegte schwach den Schwanz. Nach einer Weile hörte sie damit auf, und Juan Vizcarra wurde ernst.

Wir hielten den Atem an, und ohne zu blinzeln beobachteten wir die Handgriffe, mit denen unser Hombrecito bei der Geburt des letzten Hundes half. Ich hatte ein paar unbestimmte schelmische Vorstellungen, so dass ich fast lachte, als ich sah, was Juan tat, doch ein ganz schwaches Winseln von der «China» zwang mich, noch so erschrocken dem zu folgen, was sich da ereignete. Der Hund wurde nass geboren, in ein kaffeefarbenes Etwas eingehüllt. Seine Mutter, nachdem sie ihn gesäubert hatte, stubste ihn mehrmals mit der Nasenspitze an, dann mit einem Bein, doch der Hund bewegte sich nicht: er war schlaff wie ein Lappen. Mein Bruder fing an, leise zu flennen. Mir traten die Tränen in die Augen. Ich hielt sie nur zurück, weil ich ein Jahr älter war. Stirnrunzelnd beobachtete Juan den Hund.

«Pst ... weine nicht, er wird ja leben ...», murmelte er, ohne aufzuschauen.

Und er begann die schwachen Beine zu bewegen, den Körper des Tierchens langsam, rhythmisch zwischen seinen großen roten schmutzigen Fingern zu drücken. Er machte

haciéndolo durante lo que me pareció una eternidad, la cara transpirada, los ojos serios, la atención fija. El silencio había devorado la casa entera. El mundo se redujo al compás de las manos de Juan.

De pronto, bajo una de las presiones, la vida brotó en el cuerpo interte. El cachorro se movió presa de un estremecimiento. Juan continuó presionando hasta que el ritmo de la vida se estableció seguro, y entonces colocó el perro junto a una teta de la «China».

– Ya . . . – masculló Juan.

Se relajó su tensión y al verlo sonreír se relajó también la nuestra. Sacó un pañuelo sucio y se enjugó la frente y las manos.

– Este es mío – dije, tocando apenas al recién nacido con un dedo.

– Y éste es mío – dijo mi hermano.

Luego todas nuestras preguntas reprimidas se desataron sobre Juan Vizcarra. Respondió con tan transparente sencillez que nos dejó satisfechos por completo. Más tarde nos condujeron donde mi madre, fresca en su lecho, con un crío colorado y gritón a su lado.

– Miren – exclamó – el regalo que la abuelita les manda de París . . .

– ¿De París?

Mi hermano iba a ofrecer lo recién descubierto para hacer frente al engaño, pero le di un codazo y calló. ¿Para qué decir nada? Los grandes nos escatimaban esa realidad tanto más mágica que las triviales leyendas urdidas por sus cortas imaginaciones. ¿Para qué hablar? Además, los grandes eran tan tontos que podían despedir a Juan . . .

Pero no lo despidieron. Durante muchos años Juan Vizcarra continuó siendo el «hombrecito» oficial de la casa. Todos lo adoraban y nosotros
más que nadie: cuanto sus manazas romas tocaban 116
adquiría vida, o se arreglaba como por ensalmo. 117

damit weiter, und mir kam es wie eine Ewigkeit vor, das Gesicht verschwitzt, die Augen ernst, ganz bei der Sache. Das Schweigen hatte das ganze Haus verschlungen. Die Welt bestand nur noch aus den Bewegungen von Juans Händen.

Unter einer dieser Bewegungen drang plötzlich Leben in den schlaffen Körper. Das Hündchen zuckte zusammen. Juan drückte weiter, bis sich der Lebensrhythmus sicher eingestellt hatte, und dann legte er den Hund an eine von «Chinas» Zitzen.

«So . . .», murmelte Juan.

Seine Spannung ließ nach, und als wir ihn lächeln sahen, ließ auch unsere nach. Er holte ein schmutziges Taschentuch hervor und trocknete sich die Stirn und die Hände.

«Das ist meiner», sagte ich und berührte ganz sanft das Neugeborene mit einem Finger.

«Und das ist meiner», sagte mein Bruder.

Alle unsere verdrängten Fragen entluden sich dann auf Juan Vizcarra. Er antwortete uns mit solch klarer Einfachheit, dass er uns vollkommen zufriedenstellte. Später wurden wir zu unserer Mutter gebracht, die frisch in ihrem Bett lag, mit einem roten schreienden Säugling neben sich.

«Schaut mal», rief sie, «das Geschenk, das die Oma euch aus Paris schickt . . .»

«Aus Paris?»

Mein Bruder wollte das soeben Entdeckte vorbringen, um den Schwindel aufzudecken, doch ich gab ihm einen Rippenstoß, und er schwieg. Wozu etwas sagen? Die Erwachsenen betrogen uns um diese Wirklichkeit, die so viel magischer war als die nichtssagenden Legenden, die ihrer beschränkten Phantasie entsprangen. Wozu reden? Außerdem waren die Erwachsenen so dumm, dass sie Juan entlassen könnten . . .

Sie entließen ihn nicht. Viele Jahre lang blieb Juan Vizcarra der offizielle Hombrecito des Hauses. Alle liebten ihn und wir am meisten: Alles, was seine plumpen Pranken berührten, wurde lebendig oder regelte sich wie durch ein

No había cosa que no supiera hacer con admirable destreza, desde caponizar un pollo hasta arreglar de una vez y para siempre ese famoso despertador de la María Vallejos, su más preciada posesión y que hasta ahora pasara gran parte del tiempo donde el relojero. Juan Vizcarra a menudo venía a almorzar en casa los domingos y nos llevaba de excursión al cerro. Nos enseñó a hacer volantines y a encumbrarlos, nos enseñó a rastrear arañas y escarabajos y a tomarlos sin repugnancia, de manera que llegamos a poseer los insectarios más envidiados del colegio. Y Juan Vizcarra continuaba viniendo a casa por lo menos una vez a la semana para encerar, arreglar persianas, limpiar el gallinero, poner en orden los baúles de altillo.

Ignorábamos por completo cómo era la vida de nuestro «hombrecito» fuera de la casa. A veces se lo preguntábamos, pero generalmente se escabullía con alguna broma.

– Si este Juan no fuera tan orgulloso, se podría hacer algo por él – decía mi madre, porque ahora que éramos mayores, su pasatiempo favorito era hacer «algo» por la gente.

– Este cochino debe tener una mujer y una pila de huachos por ahí – opinaba la María Vallejos.

– ¡Qué saben ustedes lo que le pasa a uno . . . ! – murmuraba Juan, el rostro nublado un segundo. Pero pronto volvía a silbar su cancioncilla y a reír.

Era como si no tuviera casa ni familia ni amigos, tal como si su existencia comenzara en el momento en que entraba silbando a nuestro jardín, sin tocar el timbre, anunciado por las carreras y ladridos jubilosos de los perros. Le regalamos toda nuestra ropa usada, trajes, camisas, zapatos, y hubo un tiempo en que Juan Vizcarra fue espejo de «hombrecitos» en punto a elegancia. Pero más tarde ya no se ponía la ropa que le regalábamos y andaba bastante desastrado.

Wunder von selbst. Es gab nichts, was er nicht mit bewundernswerter Geschicklichkeit konnte, sei es einen Hahn zu kapaunen oder María Vallejos' berühmte Weckeruhr ein für allemal zu reparieren, die ihr kostbarster Schatz war und bis dahin die meiste Zeit beim Uhrmacher verbracht hatte. Juan Vizcarra kam oftmals am Sonntag zum Mittagessen ins Haus und machte mit uns Ausflüge in die Berge. Er brachte uns bei, Papierdrachen zu basteln und steigen zu lassen, er brachte uns bei, Spinnen und Käfer aufzuspüren und sie ohne Ekel anzufassen, so dass wir schließlich die Insektensammlung besaßen, die in der Schule den größten Neid erweckte. Und Juan Vizcarra kam weiterhin mindestens einmal in der Woche ins Haus, um zu bohnern, Rollläden instand zu setzen, den Hühnerstall zu säubern, die Truhen auf dem Dachboden aufzuräumen.

Wir hatten keine Ahnung, wie das Leben unseres Hombrecito außerhalb des Hauses verlief. Manchmal fragten wir ihn, aber im allgemeinen wich er der Frage mit einem Scherz aus.

«Wenn dieser Juan nicht so stolz wäre, könnte man etwas für ihn tun», sagte meine Mutter, weil jetzt, da wir älter waren, ihre Lieblingsbeschäftigung darin bestand, «etwas für die Leute zu tun».

«Dieser Saukerl muss irgendwo eine Frau und einen Haufen Kinder haben», meinte die María Vallejos.

«Was wisst ihr schon, was einem so passiert ...», murmelte Juan, und sein Gesichtsausdruck verdüsterte sich eine Sekunde lang. Doch bald pfiff er sein Liedchen und lachte wieder.

Es war, als hätte er kein Zuhause, keine Familie, keine Freunde, als begänne sein Leben in dem Augenblick, da er pfeifend in unseren Garten trat, ohne zu klingeln, angekündigt durch das Gerenne und freudige Gebelle der Hunde. Wir schenkten ihm unsere ganze abgelegte Kleidung, Anzüge, Hemden, Schuhe, und es gab eine Zeit, da Juan Vizcarra in punkto Eleganz das Vorbild aller Hombrecitos war. Doch später trug er nicht mehr die Kleidung, die wir ihm schenkten, und sah recht heruntergekommen aus.

– ¡Qué saben ustedes lo que le pasa a uno . . . !

Fue por esa época que Juan Vizcarra comenzó a ausentarse, al principio por períodos de dos o tres semanas. La primera vez dijo haber estado enfermo, y tras hurgarlo mucho y decirle que su salud era perfecta, mi padre le dio remedios porque en realidad no tenía buen semblante. Pero luego fue ofreciendo excusas más débiles. Más tarde ya no se le preguntaba y los nervios de mi madre – que estuviera tan segura que las crisis de «hombrecito» eran cosas del pasado – comenzaron a descomponerse de nuevo.

A medida que mi hermano y yo fuimos creciendo, las desapariciones de Juan Vizcarra se hicieron más frecuentes y más y más largas. Ya no nos tuteaba: nos decía «don». ¿Dónde diablos se metía? ¿Con quién se podía averiguar algo? Eran las preguntas que de continuo nos hacíamos, y que mi padre alguna vez planteó seriamente al propio Juan, encerrados los dos en su escritorio. Al salir, mi padre movió su cabeza, ya bastante calva: nada. Estaba preocupado porque, a pesar de tener poco contacto con Juan, también lo apreciaba. Debimos conformarnos con suplir las ausencias de Juan Vizcarra con las ineficacias de otros «hombrecitos».

– ¡Qué saben ustedes lo que le pasa a uno!

En cierta época hacía casi diez meses que Juan Vizcarra no aparecía. Una tarde mi padre llegó desolado contándonos que nuestro «hombrecito» se hallaba en su sala de hospital, la pierna derecha cortada por un tranvía. Quedamos consternados. Pero cuando mi padre continuó diciendo que el estado de Juan era especialmente grave debido a su prolongada ebriedad, se hizo la luz para nosotros.

¡Juan Vizcarra era borracho!

¿Quién hubiera creído que ésa era la causa de sus ausencias? Era tan niño en sus cosas, tan despabilado y fresco, que costaba aceptar la reali-

«Was wisst ihr schon, was einem so passiert ...»

Zu jener Zeit war es, dass Juan Vizcarra anfing wegzubleiben, zuerst zwei oder drei Wochen lang. Beim ersten Mal sagte er, er sei krank gewesen. Nach gründlicher Befragung und seiner Behauptung, dass sein Gesundheitszustand tadellos sei, gab ihm mein Vater Medikamente, denn er sah in Wirklichkeit nicht gut aus. Später jedoch wurden seine Entschuldigungen fadenscheiniger. Da fragte man schon nicht mehr nach, und die Nerven meiner Mutter – die sich schon in Sicherheit gewiegt hatte, dass die Hombrecito-Krisen der Vergangenheit angehörten – begannen sich wieder zu verschlechtern.

In dem Maße, wie mein Bruder und ich heranwuchsen, verschwand Juan Vizcarra immer häufiger und für immer längere Zeit. Jetzt duzte er uns nicht mehr, er nannte uns «Don». Wo zum Teufel steckte er? Bei wem konnte man etwas erfahren? Das waren die Fragen, die wir uns ständig stellten und die auch mein Vater einmal sehr ernsthaft mit Juan selbst besprach, als er mit ihm allein in seinem Arbeitszimmer eingeschlossen war. Als er herauskam, schüttelte mein Vater den schon ziemlich kahlen Kopf: Nichts. Er war besorgt, denn obgleich er mit Juan wenig zu tun hatte, schätzte auch er ihn. Wir mussten uns damit abfinden, die Abwesenheit von Juan Vizcarra mit der Unfähigkeit anderer Hombrecitos zu ersetzen.

«Was wisst ihr schon, was einem so passiert!»

Da geschah es einmal, dass Juan Vizcarra zehn Monate nicht erschien. Eines Nachmittags kam mein Vater verstört nach Hause und erzählte, dass unser Hombrecito in seinem Krankenhaussaal lag, das rechte Bein von einer Straßenbahn abgetrennt. Wir waren bestürzt. Doch als der Vater dann sagte, dass Juans Zustand wegen seiner langjährigen Trunksucht besonders ernst sei, ging uns ein Licht auf.

Juan Vizcarra war ein Trinker!

Wer hätte gedacht, dass dies der Grund seiner Abwesenheiten war? In so vielen Dingen war er wie ein kleiner Junge, so aufgeweckt und frisch, dass es uns schwer fiel, uns

dad. Pero ahí estaba. ¿Qué hizo con tanta cosa que se le regalara? Claro, venderlas para emborracharse, y desaparecía para que nadie advirtiera su secreto.

Fui a visitarlo al hospital. Al ver esa cara hinchada que era sólo un remedo confuso de sus facciones de antes, y toda la alegría de sus ojos enrojecida, me costó borrar la máscara que mi imaginación guardaba de un Juan inmutable y siempre lozano, como aquella vez que lo vi bajando la escala colgado de los tramos. Sus brazos estaban débiles, sus manos gruesas inertes sobre la sábana. ¡Era casi un viejo y tenía apenas diez años más que yo! ¿Qué misteriosa falla en el mundo miserable que sin duda era el suyo lo había llevado a esto?

– ¡Qué saben ustedes lo que le pasa a uno!

La María Vallejos lloró mucho. Se levantaba de mal humor, con parches de papa en las sienes, culpándonos de todo a nosotros, los ricos, según era su costumbre cuando algo sucedía. Vestirse para ir a ver a Juan al hospital era una ceremonia tan larga y compleja para nuestra vieja cocinera, que ese día no podíamos contar con almuerzo. Mi madre llevó ropa al enfermo, dinero y uva, mientras que mi padre lo atendía con especial interés. Se restableció relativamente pronto y entre las familias para quienes trabajaba se hizo una colecta con el fin de comprarle una pierna ortopédica. Pero Juan Vizcarra ya nunca sería el «hombrecito» de antes.

Después de varias semanas, Juan Vizcarra volvió a nuestra casa, alegre, diestro, avecindado de firme en el lavadero, detrás del frambuesal. Pero su buen humor duró poco: al cabo de un tiempo se tornó gruñón y flojo. No salía de la casa ni siquiera los sábados y domingos. Yo solía verlo, muy bien aviado con la ropita dominguera que logró
comprar con sus ahorros de esa época, sentado 122
al sol, mudo, con las manos cruzadas y con la vista 123

mit den Tatsachen abzufinden. Doch nun war es mal so. Was machte er mit all den Sachen, die man ihm schenkte? Klar, er verkaufte sie, um sich zu betrinken, und er verschwand, damit niemand sein Geheimnis entdeckte.

Ich besuchte ihn im Krankenhaus. Als ich das aufgedunsene Gesicht sah, das nur entfernt an die Züge von einst erinnerte, und die große Freude in seinen geröteten Augen, fiel es mir schwer, das Bild zu löschen, das ich in meiner Erinnerung bewahrte, das Bild eines unerschütterlichen und immer fröhlichen Juan, so wie damals, als ich sah, wie er sich die Leiter herunterhangelte. Seine Arme waren schwach, seine dicken Hände ruhten leblos auf dem Laken. Er war fast ein alter Mann, und kaum zehn Jahre älter als ich! Welch geheimnisvoller Fehler in der elenden Welt, die zweifellos die seine war, hatte ihn dahin gebracht?

«Was wisst ihr schon, was einem so passiert!»

Die María Vallejos weinte viel. Sie stand schlechtgelaunt auf, mit Pflastern aus Kartoffeln auf den Schläfen, und gab – wie es ihre Gewohnheit war – die Schuld allem was passierte, uns, den Reichen. Sich anzuziehen, um Juan im Krankenhaus zu besuchen, war für unsere alte Köchin eine so langwierige und schwierige Zeremonie, dass wir an solchen Tagen nicht mit dem Mittagessen rechnen konnten. Meine Mutter brachte dem Kranken Kleidung, Geld und Weintrauben, während mein Vater ihn besonders aufmerksam untersuchte. Er wurde verhältnismäßig schnell gesund, und man veranstaltete eine Sammlung unter allen Familien, für die er arbeitete, um ihm ein künstliches Bein zu kaufen. Doch Juan Vizcarra würde nie mehr der Hombrecito von früher sein.

Nach ein paar Wochen kam Juan Vizcarra zu uns zurück, fröhlich, geschickt, für immer in der Waschküche untergebracht, hinter den Himbeersträuchern. Seine gute Laune hielt aber nicht lange an: nach einiger Zeit wurde er griesgrämig und kraftlos. Nicht einmal sonnabends und sonntags verließ er das Haus. Oft sah ich ihn, schön herausgeputzt mit seiner Sonntagskleidung, die er sich mit seinen Ersparnissen jener Zeit leisten konnte, in der Sonne sitzen,

fija en el aire. Juan Vizcarra ya no silbaba cancioncilla alguna y casi no respondía cuando le hablábamos.

–¡Qué saben ustedes lo que le pasa a uno!

–¿Se han fijado lo bien que está Juan Vizcarra? – exclamaba mi madre –. Es porque ya no toma. ¿Vieron la ropa nueva que compró? ¿Y lo poco que se le nota la cojera? Yo quiero que ahora compre una radio a plazos. Con lo que gana tiene de sobra. Al fin y al cabo algún gusto se tiene que dar el pobre hombre ...

Pero Juan no compró radio. Un buen día, después de trabajar con menos entusiasmo que nunca, tomó su atado de ropa y partió sin despedirse de nadie. Desde la ventana de mi cuarto lo vi salir: iba con el ansia escrita en el rostro, pero después de tanto tiempo silbaba alegremente. Nadie llegó a comprender la causa de su descontento ni el porqué de su partida.

La tierra pareció tragárselo. Juan – otro Juan, al que llamábamos el Tonto – era un «hombrecillo» de la casa ahora. Pero la María Vallejos no perdía ocasión para decirle

–¡Si hasta cojo y borracho Juan Vizcarra era mejor que tú!

Al cabo de diez meses una anciana increíblemente andrajosa y decrépita, con un anacrónico manto sobre la cabeza, pidió con voz casi oculta por la humildad hablar con alguien de la familia. Era una tía de Juan Vizcarra. Explicó que su sobrino había ingresado tiempo atrás y por voluntad propia a un sanatorio que hacía tratamiento para alcohólicos. Pero un mes después que lo dieron de alta había vendido su pierna ortopédica para volver a emborracharse.

Se le envió dinero para que comprara una pata de palo. Ésta, por lo menos, sería más difícil de vender. Y Juan, con su pata de palo, volvió a hacer

stumm, die Hände übereinandergelegt, und in die Luft starrend. Juan Vizcarra pfiff kein Liedchen mehr und antwortete kaum, wenn wir mit ihm sprachen.

«Was wisst ihr schon, was einem so passiert!»

«Habt ihr gesehen, wie gut es Juan Vizcarra geht?» rief meine Mutter. «Das ist, weil er nicht mehr trinkt. Habt ihr die neue Kleidung gesehen, die er sich gekauft hat? Und wie wenig man sein Hinken bemerkt? Ich will, dass er sich jetzt ein Radio auf Raten kauft. Mit dem, was er verdient, hat er mehr als genug. Irgend etwas muss der arme Mann sich ja gönnen ...»

Aber Juan kaufte sich kein Radio. Eines guten Tages, nachdem er so lustlos wie nie zuvor gearbeitet hatte, nahm er sein Kleiderbündel und verließ uns, ohne sich von irgend jemandem zu verabschieden. Von meinem Zimmerfenster aus sah ich ihn weggehen: Der Kummer stand ihm ins Gesicht geschrieben, aber nach langer Zeit pfiff er wieder fröhlich vor sich hin. Niemand konnte sich den Grund seiner Unzufriedenheit erklären, auch nicht den seines Weggehens.

Er schien wie vom Erdboden verschluckt. Ein anderer Juan, wir nannten ihn den Dummen, war jetzt ein «Hombrecillo» im Haus. Die María Vallejos ließ keine Gelegenheit aus, ihm zu sagen:

«Sogar lahm und besoffen war Juan Vizcarra noch besser als du!»

Zehn Monate später erschien eine unglaublich zerlumpte und heruntergekommene alte Frau mit einem altmodischen Umhang auf dem Kopf und bat mit einer vor Demut kaum hörbaren Stimme, jemanden von der Familie zu sprechen. Es war eine Tante von Juan Vizcarra. Sie erklärte, ihr Neffe habe vor einiger Zeit aus freien Stücken ein Sanatorium aufgesucht, wo es Entziehungskuren für Alkoholiker gab. Aber einen Monat nach seiner Entlassung habe er sein künstliches Bein verkauft, um sich wieder zu betrinken.

Man schickte ihm Geld für ein Holzbein. Dieses würde zumindest schwerer zu verkaufen sein. Und Juan, mit seinem Holzbein, hielt erneut Einzug bei uns. Jetzt war

su aparición por nuestra casa. Ya no estaba triste, sino muy alegre, casi como al principio, aunque ahora se le exigía poco trabajo.

– ¡Borracho asqueroso! – le gritaba la María Vallejos. Pero la comida de Juan Vizcarra era servida con especial abundancia y esmero.

Dormía en casa. Junto a su colchón en el lavadero se veían por el suelo sus pertenencias: un cancionero viejo, algunos paquetes de los cigarrillos que fumaba, un cenicero de cobre que él mismo hiciera, quién sabe cómo. Nada más. Salía a trabajar donde las familias que aún lo solicitaban, y entregaba todo su dinero a la María Vallejos para que se lo guardara hasta el sábado. Ese día la vieja se lo entregaba y el bueno de Juan era despedido por las recomendaciones de la cocinera el sábado a las doce. Se quedaba afuera ese día, domingo y lunes. Regresaba el martes por la mañana, silbando, habitualmente algo contuso, pero sobrio y fresco.

Hasta que volvió a perderse. Esta vez para siempre. Su tía volvió a visitarnos, diciendo que Juan había vendido la pata de palo. Se le mandó recado que volviera.

Pero Juan Vizcarra no volvió nunca más.

A veces, al ver un juguete destrozado en las manos de su primera nieta, mi madre suele exclamar:

– ¡Que Juan lo componga ...!

Y al oírse, el silencio cae sobre su cabeza encanecida.

Las empeladas nunca han vuelto a soportar que un «hombrecito» trabaje en cas más de un par de veces: sus defectos son descubiertos sin demora y se les despide. La crisis de «hombrecito» es perpetua. Mi hermano y yo recordamos a Juan Vizcarra con cierta frecuencia, pero no, quizás no muy frecuentemente. Tenemos mucho que hacer y la casa con sus recuerdos ahora no es más que un puerto, un trozo bastante pequeño de nuestras vidas.

er nicht mehr traurig, sondern sehr vergnügt, fast wie am Anfang, wenngleich nun wenig Arbeit von ihm verlangt wurde.

«Widerlicher Säufer!» rief ihm die María Vallejos zu. Aber Juan Vizcarras Essen wurde besonders reichlich und sorgsam zubereitet.

Er schlief im Haus. Auf dem Boden neben seiner Matratze in der Waschküche lagen seine Habseligkeiten: ein altes Liederbuch, ein paar Zigarettenschachteln seiner Marke, ein kupferner Aschenbecher, den er selbst gemacht hatte, wer weiß wie. Weiter nichts. Er arbeitete bei den Familien, die ihn noch beschäftigten, und händigte sein ganzes Geld der María Vallejos aus, damit sie es für ihn bis Sonnabend verwahrte. An diesem Tag gab die Alte es ihm, und mittags um zwölf wurde der gute Juan von der Köchin mit Ratschlägen verabschiedet. Diesen Tag blieb er weg, Sonntag und Montag auch. Dienstag früh kam er pfeifend zurück, meistens irgendwie verletzt, aber nüchtern und guter Dinge.

Bis er wieder verschwand. Diesmal für immer. Seine Tante kam wieder vorbei und sagte, dass Juan sein Holzbein verkauft habe. Man ließ ihm ausrichten, er möge zurückkommen.

Aber Juan Vizcarra kam nicht wieder.

Manchmal, wenn meine Mutter ein kaputtes Spielzeug in den Händen ihrer ersten Enkelin sieht, ruft sie aus: «Juan soll es heil machen!»

Und wenn sie sich das sagen hört, fällt Schweigen über ihr ergrautes Haupt.

Die Hausmädchen haben nie wieder zugelassen, dass ein Hombrecito mehr als ein paar mal im Hause arbeitet: ihre Fehler werden sofort aufgedeckt, und sie werden entlassen. Die Hombrecito-Krise währt ewig. Mein Bruder und ich denken ziemlich oft an Juan Vizcarra, ach, eigentlich doch gar nicht so oft. Wir sind sehr beschäftigt, und das Haus mit seinen Erinnerungen ist nichts mehr als ein Hafen, ein ziemlich kleiner Bestandteil unseres Lebens.

Una tarde iba yo apresurado por una calle en un barrio miserable. Al pasar frente a la puerta de una cantina di limosna a un pordiosero increíblemente harapiento. Muchas cuadras más allá me di cuenta de que aquel mendigo que me mirara con insistencia, pero sin hablarme, era Juan Vizcarra. ¡Era un anciano, y Juan Vizcarra era sólo diez años mayor que yo! Volví de carrera a la cantina, pero el mendigo ya no estaba allí ... ¡Juan era tan orgulloso! Pero después de todo quizás no fuera Juan, quizás fuera sólo imaginación mía creer que ese limosnero cojo tumbado en un charco de suciedad a la puerta de una cantina era Juan Vizcarra.

A veces pienso que lo buscaré. No puedo olvidar la cancioncilla maliciosa que silbaba al entrar a casa en la mañana, ni la destreza con que esos dedos colorados y romos hicieron brotar la vida ante mis maravillados ojos de niño. Pienso buscarlo ..., no sé para qué. Pero los años pasan. Ahora sólo muy de tarde en tarde llego a preguntarme:

«¿Qué será de Juan Vizcarra?»

Eines Nachmittags ging ich in einem Elendsviertel eilig durch eine Straße. Als ich an der Tür einer Kneipe vorbeikam, gab ich einem unglaublich zerlumpten Bettler ein Almosen. Viele Häuserblöcke weiter ging mir auf, dass der Bettler, der mich so eindringlich angesehen, doch nicht mit mir gesprochen hatte, Juan Vizcarra gewesen war. Er war ein alter Mann, und Juan Vizcarra war nur zehn Jahre älter als ich! Ich rannte zur Kneipe zurück, aber der Bettler war nicht mehr da ... Juan war so stolz! Doch am Ende war es vielleicht gar nicht Juan gewesen, vielleicht hatte ich mir nur eingebildet, dass dieser lahme, vor einer Kneipentür in einer dreckigen Pfütze liegende Bettler Juan Vizcarra war.

Manchmal denke ich, ich sollte ihn suchen. Ich kann nicht das schelmische Liedchen vergessen, dass er pfiff, wenn er morgens ins Haus kam, und auch nicht die Geschicklichkeit, mit der seine roten, plumpen Finger vor meinen staunenden Kinderaugen Leben entstehen ließen. Ich nehme mir vor, ihn zu suchen ... wozu, weiß ich nicht. Doch die Jahre vergehen. Jetzt frage ich mich nur noch ganz selten:

«Was ist wohl aus Juan Vizcarra geworden?»

Jorge Edwards
La jaula de los monos

No había estado nunca, antes de ese encuentro con María Elena, en la casa de Ovalle. Hacia dos años que trabajábamos juntos, mirándonos las caras durante ocho horas diarias, pero siempre mantuvimos nuestras relaciones en un terreno de fría neutralidad, sin transponer jamás los límites de un trato estrictamente oficinesco. Algo en el aspecto físico de Ovalle – su color lívido, la manera desgarbada de caminar, las manos amarillas de nicotina, con dedos de cachiporra –, me producía repulsión. Su voz gangosa, sin nervio, interrumpida a cada rato por una risa que le hacía desaparecer los rasgos bajo un mapa de arrugas, se transformaba por momentos en una pesadilla. Ovalle no era tonto, pero poseía un tipo de inteligencia que me desagradaba, una inteligencia basada en la astucia y en el conocimiento de ciertas fuerzas inaparentes del mundo burocrático, que sabía desviar a su favor con una maestría que me sorprendió muchas veces. Encarnaba una especie de mediocridad diabólica, por contradictorios que resulten ambos términos. En Ovalle se resolvía esta contradicción.

Evitar toda intimidad con él no me exigió demasiado esfuerzo: uno de los rasgos desconcertantes de Ovalle era su indiferencia. Reinaba en un planeta mezquino, sin luz, lleno de ceniza, pero su reinado bastaba para darle una sensación de autosuficiencia rotunda. Al final fui yo quien inició un acercamiento; me descubrí en el instante de dar, casi a pesar mío, el primer paso, impulsado por el hastío y por el cominillo de una remota curiosidad. La identificación de Ovalle con su personaje era tan perfecta que me desconcertaba. Quise investigar un poco debajo de la 130
superficie, dispuesto a sufrir la humillación de 131

Jorge Edwards
Der Affenkäfig

Vor diesem Zusammentreffen mit María Elena war ich nie im Haus von Ovalle gewesen. Seit zwei Jahren arbeiten wir beide in der selben Firma, wir saßen uns täglich acht Stunden lang gegenüber, doch unsere Beziehung blieb immer auf der Ebene kühler Sachlichkeit und überschritt nie die Grenzen eines unanfechtbar geschäftsmäßigen Umgangs. Etwas an Ovalles Äußerem – seine fahle Gesichtsfarbe, der plumpe Gang, die nikotinverfärbten Hände mit den Wurstfingern – stieß mich ab. Seine kehlige, eintönige Stimme, andauernd von einem Lachen unterbrochen, das seine Züge unter einer Landkarte von Runzeln verschwinden ließ, verwandelte sich zuweilen in einen Albtraum. Ovalle war nicht dumm, doch er besaß eine Art von Intelligenz, die mir missfiel, eine Intelligenz, die auf Schlauheit und auf dem Wissen um bestimmte unsichtbare Kräfte der Bürowelt beruhte und die er so meisterhaft zu seinen Gunsten verwenden konnte, dass ich oft staunen musste. Er verkörperte eine Art teuflischer Mittelmäßigkeit, auch wenn diese beiden Begriffe sich widersprechen. Bei Ovalle hob sich der Widerspruch auf.

Es fiel mir nicht allzu schwer, jegliche Vertrautheit mit ihm zu vermeiden: einer seiner verblüffenden Charakterzüge war seine Gleichgültigkeit. Er herrschte auf einem kleinen Planeten, ohne Licht, voller Asche, aber seine Herrschaft genügte, ihm ein Gefühl vollkommener Selbstgenügsamkeit zu geben. Schließlich war ich es, der eine Annäherung begann; ich ertappte mich dabei im selben Augenblick, als ich, fast gegen meinen Willen, den ersten Schritt tat, angetrieben vom Überdruss und vom Drang einer vagen Neugier. Ovalles Übereinstimmung von Innen und Außen war so vollkommen, dass es mich verwirrte. Ich wollte ein bisschen unter der Oberfläche nachforschen, und war darauf gefasst, eine erniedrigende Abfuhr zu erhalten. Ovalle reagierte unerwartet sanft. Wir blieben nach

un rechazo. Ovalle reaccionó con inesperada docilidad. Nos quedamos conversando después de la hora de salida, hablando de los temas inevitables: de mujeres, de boliches, de dinero ... De los platos que conviene comer antes de hacer el amor. De las cuentas que se acumulan. A él acababan de cortarle el teléfono, y a mí también: esa desgracia común hizo brotar una chispa repentina de cordialidad. Tomamos juntos el ascensor y cuando estuvimos en la calle, después de vacilar un momento, le ofrecí llevarlo en mi cacharro. Vive en una casa de un piso, con patios interiores, por Diez de Julio. Me invitó a pasar y lo primero que vi al asomarme a una sala en penumbra, entre plantas de interior y muebles desvencijados, fue una espalda encorvada, algo gruesa, y un perfil que sólo podía corresponder al de María Elena. «No puede ser!», murmuré. Pero hay días excepcionales en que un descubrimiento sigue al otro; días en que la monotonía se interrumpe como por arte de magia. Primero fue la faz inédita de Ovalle y ahora la comprobación de que María Elena no había permanecido secuestrada en un rincón de la memoria, de que el tiempo también había pasado para ella. En cierto modo la comprobación era dolorosa, pero el giro desusado de los acontecimientos la eximía de toda sordidez. El horizonte diurno, repetido hasta el más pálido desánimo, había sido un muro de archivadores, y de pronto la tarde empezaba a abrirse en un abanico cada vez más amplio, propiciaba encuentros que podían llevar a cualquier desenlace. Pensé que sin estos trucos del azar, sin estas inserciones des misterio, la vida sería insoportable. Salvo que uno, para soportar la vida, provocara el azar, o inventara el misterio ...

– ¿No te acuerdas de mí? – preguntó María Elena. 132

– ¡Por supuesto! ¡Cómo no me voy a acordar de ti! 133

Büroschluss eine Weile plaudernd zusammen und sprachen über die unvermeidlichen Themen: Frauen, Kneipen, Geld. Über die Gerichte, die man vor der Liebe essen sollte. Über die sich stapelnden Rechnungen. Ihm hatte man soeben das Telefon abgeschaltet – und mir auch: dieses gemeinsame Unglück ließ einen plötzlichen Funken von Freundschaftlichkeit überspringen. Wir nahmen zusammen den Fahrstuhl, und als wir auf der Straße waren, bot ich ihm nach kurzem Zögern an, ihn mit meinem alten Auto mitzunehmen. Er wohnt in der Diez de Julio, in einem einstöckigen Haus mit Innenhöfen. Er lud mich ein mit hineinzukommen, und das erste, was ich sah, als ich ein im Halbdunkel liegendes Wohnzimmer betrat, zwischen Zimmerpflanzen und wackligen Möbeln, war ein gebeugter, etwas dicker Rücken, und ein Profil, das nur zu María Elena gehören konnte. «Das gibts doch nicht!» murmelte ich. Doch es gibt außergewöhnliche Tage, an denen eine Entdeckung der anderen folgt; Tage, an denen die Eintönigkeit wie durch einen Zauber unterbrochen wird. Erst war es die unbekannte Seite von Ovalle und jetzt die Feststellung, dass María Elena nicht in einen Winkel der Erinnerung entrückt worden und dort geblieben, sondern dass auch für sie Zeit verstrichen war. Diese Feststellung war gewissermaßen schmerzlich, doch der ungewohnte Gang der Dinge nahm ihr jede Schäbigkeit. Der tägliche Horizont, bis zur blassesten Entmutigung wiederholt, war eine Wand von Aktenschränken gewesen, und plötzlich begann sich der Nachmittag wie ein immer weiter aufklappender Fächer zu öffnen und machte Begegnungen denkbar, die zu irgendeinem Ende führen konnten. Ich überlegte, dass ohne diese Streiche, die uns das Schicksal spielt, ohne diese eingeblendeten Geheimnisse, das Leben unerträglich wäre. Außer man würde das Schicksal herausfordern oder die Geheimnisse erfinden, um das Leben erträglich zu machen ...

«Erinnerst du dich nicht an mich?» fragte María Elena.

«Aber ja doch! Wie sollte ich mich nicht an dich erinnern!»

¡Cómo no iba a acordarme! Pero ahí paró nuestro diálogo, mientras nos observábamos en silencio, con una sonrisa que se podría llamar esquiva. María Elena había engordado, y alrededor de los ojos y debajo del mentón se le insinuaban algunas arrugas; a pesar de ellas, eran los mismos ojos que yo había conocido, aunque sin el ardor y la furia de la adolescencia, suavizados por cierta ternura melancólica, insinuante, quizás un poco pervertida.

Estuvimos un buen rato sometidos a una mutua y solapada inspección. «No tenía idea que eras amigo de Juang», dijo ella. Yo hice un gesto ambiguo. Explicarle salía demasiado complicado. Tampoco tenía idea de que ella . . . En eso entró la mujer de Juan, una chica flacucha, no del todo fea, y se supo que yo no era cara conocida en la casa. «¡Ah!» exclamó María Elana; «entonces . . .» La mujer de Juan habló de dificultades domésticas, no podía encontrar un gásfiter honrado para reparar no sé qué desperfecto, y nosotros continuamos cruzando miradas furtivas. Lo razonable, lo natural, después de tanto tiempo (calculé que habían transcurrido veinticinco años), habría sido evocar aquella época, aquellas semanas en el trópico que ahora costaba creer que hubieran sido reales, pero un irreprimible bochorno se me agolpaba en las sienes; sentía una timidez estúpida, que no lograba controlar, que me humedecía las manos, como si de pronto hubiera regresado a la piel de mis catorce años, a sus inexpugnables muros. Pensé que a ella podía sucederle algo parecido. Horas más tarde, cuando el jarro de borgoña con hielo que preparó Juan nos hubo soltado la lengua, comprobé que doblaba la página mucho mejor que yo. Sabía echarse el pasado al hombro y seguir su viaje, impertérrita. Por lo demás, el presente suyo era mejor que el mio:
un marido agricultor en Osorno; dos hijos; largos 134
meses de encierro en el invierno; en el verano, ca- 135

Wie sollte ich mich nicht erinnern! Doch da kam unsere Unterhaltung ins Stocken, während wir uns schweigend betrachteten, mit einem Lächeln, das man scheu nennen könnte. María Elena war dicker geworden, und um die Augen und unterm Kinn waren ein paar Falten zu erkennen. Indessen: es waren dieselben Augen, die ich gekannt hatte, wenn auch ohne das Feuer und die Leidenschaft der Jugend, besänftigt von einer gewissen melancholischen, verführerischen, vielleicht etwas verderbten Zärtlichkeit.

Wir blieben eine Weile versunken in einer gegenseitigen heimlichen Musterung. «Ich hatte keine Ahnung, dass du ein Freund von Juan bist», sagte sie. Ich machte eine unbestimmte Geste. Es ihr zu erklären, war zu schwierig. Ich hatte ja auch keine Ahnung, dass sie ... In diesem Augenblick erschien Juans Frau, ein dürres Mädchen, eigentlich gar nicht so hässlich, und es wurde bemerkt, dass ich im Hause nicht bekannt war. «Ach!» rief María Elena; «also ...» Juans Frau sprach von den häuslichen Schwierigkeiten, sie konnte keinen anständigen Gasinstallateur finden, um was weiß ich für einen Schaden zu reparieren, und wir wechselten weiter verstohlene Blicke. Das Einleuchtende, das Natürliche nach so langer Zeit (ich rechnete aus, dass fünfundzwanzig Jahre vergangen waren) wäre gewesen, jene Zeit wachzurufen, jene Wochen in den Tropen, die jetzt so unwirklich schienen, aber ein übermächtiges Schamgefühl drückte auf meine Schläfen, ich spürte eine dumme Schüchternheit, die ich nicht bezwingen konnte, die meine Hände feucht machte, als steckte ich wieder in der Haut eines Vierzehnjährigen, in ihrer nicht zu überwindenden Ummauerung. Ich dachte mir, dass es ihr ähnlich ergehen könnte. Stunden später, als der Krug mit geeistem Burgunder, von Juan angerichtet, unsere Zungen gelöst hatte, stellte ich fest, dass sie viel besser zurückblättern konnte als ich. Sie verstand es, die Vergangenheit zu schultern und unverdrossen die Reise fortzusetzen. Übrigens war ihr Dasein besser als meines: ein Ehemann, Landwirt in Osorno; zwei Kinder; im Winter monatelang eingesperrt; im Sommer Reitausflüge, Angel-

balgatas, partidas de pesca; se duerme con la carabina cerca, entre rumores de asaltos en la región; pero los viejos inquilinos son fieles; las provisiones, abundantes; buena ropa de cuero; una casa espaciosa, con grandes leños en la chimenea ...

– ¿Qué más puedo pedir?

– ¡Qué más se puede pedir!

Y sonreímos, callando esas semanas extraordinarias y ese domingo mágico e infernal que terminó con todo, en medio de los cuarenta grados de calor, de los chillidos de los monos y los pájaros y del incendio del crepúsculo, que se iniciaba detrás de los balcones imperiales, junto a los cerros de terciopelo verde. No volviste a dirigirme la palabra. Tres días después emprendías el viaje de vuelta y mis padres no comprendieron nunca la terquedad súbita, nuestros ojos que se rehuían, atornillados al suelo, mi obcecada negativa a acompañarte hasta el aeropuerto. «¿Y no eras tan amigo de ella?» «Déjalo. Ya sabes que es porfiado como mula. ¡Cuando se le mete algo entre ceja y ceja!» No podía darles la menor explicación y, por supuesto, no comprendieron nunca. En la noche, al llegar el momento de levantarse apresurados de la mesa, mientras las dos maletas, el abrigo y la raqueta de tenis esperaban frente a la puerta de calle, mi padre observó de reojo nuestra despedida glacial, en que nos pasamos la punta de los dedos. «¡Vaya uno a entender a estos niños!», dijo después. Yo me había quedado todo ese tiempo en el salón, de pie, con la vista clavada en la calle por donde se había ido el automóvil. Me pareció que la voz de mi padre, al regreso del aeropuerto, resonaba en el vacío. «Será despecho», insinuó mi madre, con picardía, y mi padre se encogió de hombros, desdeñoso, como si no creyera en sentimientos tan complicados. Me retiré a mi habitación, herido por la ligereza de esos comentarios, y permanecí horas en vela, sentado en la cama, esuchando los escasos ruidos

partien; man schläft mit dem Gewehr neben sich, wegen der Gerüchte von Überfällen in der Gegend; aber die alten Pächter sind treu; die Lebensmittel reichlich; gute Lederkleidung; ein geräumiges Haus mit großen Holzscheiten im Kamin ...

«Was kann ich mehr verlangen?»

«Was kann man mehr verlangen!»

Und wir lächelten, schwiegen über jene herrlichen Wochen und den zauberhaften und infernalischen Sonntag, an dem alles zu Ende ging, bei vierzig Grad Hitze, beim Gekreische der Affen und der Vögel, beim flammenden Sonnenuntergang, der hinter den kaiserlichen Balkonen, bei den grünsamtenen Hügeln anfing. Nie wieder hast du mit mir gesprochen. Drei Tage später hast du die Rückreise angetreten und meine Eltern haben nie den plötzlichen Starrsinn verstanden, unsere Blicke, die sich auswichen, sich am Boden festkrallten, meine törichte Weigerung, dich zum Flughafen zu bringen. «Du warst doch so befreundet mit ihr?» «Lass ihn. Du weißt ja, er ist störrisch wie ein Esel. Wenn er sich etwas in den Kopf setzt!» Ich konnte ihnen nicht die geringste Erklärung geben und natürlich haben sie es nie verstanden. Abends, als es so weit war, schnell vom Tisch aufzustehen, während die zwei Koffer, der Mantel und der Tennisschläger vor der Haustür warteten, beobachtete mein Vater aus den Augenwinkeln unseren eisigen Abschied, bei dem sich gerade unsere Fingerspitzen berührten. «Mag einer diese Kinder verstehen!» sagte er dann. Ich war die ganze Zeit im Wohnzimmer geblieben, stehend, den Blick auf die Straße gerichtet, wo das Auto weggefahren war. Es schien mir, als hallte meines Vaters Stimme, als er vom Flughafen zurückkam, im leeren Raum wider. «Es ist wohl Kummer», war die schelmische Überlegung meiner Mutter, und mein Vater zuckte geringschätzig mit den Schultern, als glaubte er nicht an so komplizierte Gefühle. Ich ging auf mein Zimmer, verletzt von der Leichtfertigkeit ihrer Bemerkungen, und blieb lange Stunden wach, im Bett sitzend, im Ohr die wenigen Straßengeräusche, und wie Hintergrundmusik, das monotone Ge-

callejeros y, como telón de fondo, el rumor monótono del oleaje, la resaca que me retumbaba en el cerebro y lo succionaba. Del silencio brotaba un eco fantasmal: el mumullo de su voz en la pieza vecina, somnoliento, cuando conversaba con mi madre antes de dormirse. Es un eco que de repente retumba, fresco, en mi memoria, y que nunca deja de conmoverme. ¡Cuánto habría dado aquella noche por escuchar de nuevo la voz a través del muro de tabique, por ver los faldones blancos y cortos que ondulaban de un lado a otro de la cancha de tenis, las gotas de sudor que se acumulaban sobre el labio, las mejillas acaloradas, húmedas, con los poros abiertos! El gesto de desánimo, cuando perdía una jugada, me producía un efecto inefable. Habría sido capaz de atribuirlo a la gracia celestial, si es que la asociación de ideas, en esa época, no me hubiera parecido blasfema. «¡Qué calor más espantoso!», decía al final del juego, pasándose el antebrazo izquierdo por la frente. Acezaba de cansancio, con la blusa empapada de transpiración, y yo sentía un extraño antojo de beber las gotas que se agolpaban en sus sienes y encima de sus labios. Una vez, al retirarnos de la cancha, sin saber cómo, me aventuré a tomarla del brazo. Advertí, de reojo, que se ruborizaba intensamente, y la tomé con más fuerza, dueño, para sorpresa mia, de la situación. Caminamos así algunos minutos. Yo flotaba en el aire denso, entre el olor pegajoso de las plantas y de la tierra removida por los chubascos. Había un árbol con flores rojas como campanas colgantes. En el recodo de un sendero ella me quitó el brazo. Después vino ese domingo increíble, y el mono maldito que acabó con todo, aferrado a la jaula con sus ojos de loco obsceno ...

– ¿Y? – preguntó Ovalle al día siguiente.

Yo sostuve su mirada llena de grosera malignidad, haciéndome el desentendido. A Ovalle no le quedó más remedio que precisar su pregunta:

murmel der Wellen, die Dünung, die in meinem Gehirn dröhnte und an ihm saugte. Aus der Stille stieg ein gespenstisches Echo empor: das schläfrige Murmeln ihrer Stimme im Nebenzimmer, wenn sie sich mit meiner Mutter vor dem Einschlafen unterhielt. Es ist ein Echo, das auf einmal in meiner Erinnerung frisch ertönt, mich immer wieder bewegt. Was hätte ich in jener Nacht darum gegeben, wieder die Stimme durch die Trennwand zu hören, das kurze weiße Röckchen zu sehen, das auf dem Tennisplatz hin und her wehte, die Schweißtropfen, die sich auf der Lippe sammelten, die erhitzten feuchten Wangen, mit den geöffneten Poren! Die entmutigte Geste, wenn sie ein Spiel verlor, hatte auf mich eine unbeschreibliche Wirkung. Ich wäre imstande gewesen, sie ihrer himmlischen Anmut zuzuschreiben, wenn mir diese Gedankenverbindung damals nicht blasphemisch vorgekommen wäre. «Was für eine schreckliche Hitze!» sagte sie immer am Ende des Spiels und wischte sich mit dem linken Unterarm über die Stirn. Sie keuchte vor Ermüdung, die Bluse schweißgenässt, und ich fühlte den seltsamen Wunsch, die auf ihren Schläfen und über den Lippen angesammelten Tropfen zu trinken. Einmal, als wir den Tennisplatz verließen, wagte ich es – ich weiß nicht wie –, ihren Arm zu nehmen. Aus den Augenwinkeln bemerkte ich, dass sie stark errötete, und ich nahm sie fester, zu meiner eigenen Überraschung Herr der Lage. So gingen wir ein paar Minuten lang. Ich schwebte in der stickigen Luft, zwischen dem klebrigen Geruch der Pflanzen und der von Regenschauern aufgewühlten Erde. Es gab da einen Baum mit roten Blumen wie hängende Glocken. An einer Wegbiegung zog sie ihren Arm zurück. Dann kam dieser unglaubliche Sonntag, und der verdammte an sein Käfiggitter geklammerte Affe mit seinen verrückten unanständigen Augen machte allem ein Ende ...

«Und?» fragte Ovalle am nächsten Tag.

Ich hielt seinem Blick voll grober Boshaftigkeit stand und tat, als merkte ich nichts. Ovalle blieb nichts anderes übrig, als seine Frage genau zu formulieren:

– ¿Cómo te fue con María Elena?

– Fui a dejarla a casa de su hermana – contesté –. Eso es todo.

– No tenía la menor idea de que eran parientes – dijo él –. ¡Qué coincidencia!

– Somos primos en segundo grado. Pero nuestros padres fueron muy unidos, asi que nos sentíamos como primos hermanos. En esa época. Cuando vivíamos en Rio de Janeiro y mis padres la invitaron a pasar una temporada con nosotros. Los dos teníamos quince años recién cumplidos. ¡Imagínate!

– Debe de haber sido recontra buena ...

– ¡Era linda! ... Yo me enamoré hasta las patas. Al día siguiente de su llegada a Rio andaba como sonámbulo. ¡Hasta se me quitó el apetito! Ibamos juntos a la playa y mientras ella se asoleaba, al lado mío, yo tenía que pasar tendido boca abajo, para que no se me notara la tremenda cuestión ...

Hice un gesto explicativo con las manos y Ovalle lanzó una carcajada estrepitosa.

– ¿Y te la pescaste? – preguntó.

– ¡Estai loco! Mi padre me habría capado a uña.

– Pudiste desquitarte anoche, por lo menos.

Ovalle volvió a soltar su risa simiesca, estridente. La verdad es que pensé en ese desquite, pero cada cosa tiene su tiempo. No era lo mismo caminar por Diez de Julio, en la noche, veinticinco años más tarde. Lancé algunas sondas, por si acaso, sin resultado visible. Ovalle dictaminó después que se imponía el ataque frontal. ¡Qué tanta sutileza! El hecho es que me despedí, frente a la casa de la hermana, con un beso en las mejillas y una sonrisa entre burlona y melancólica. Y cuando quedé sólo sentí rabia. Me sentí envenenado por una dosis adicional de frustración. Tuve la oportunidad de liberarme y en cambio, al final de esa noche, el mono del zoológico había consolidado su dominio.

«Wie ist es dir mit María Elena ergangen?»

«Ich habe sie zum Haus ihrer Schwester gebracht», antwortete ich. «Das ist alles.»

«Ich hatte keine Ahnung, dass ihr verwandt seid», sagte er. «Welch ein Zufall!»

«Wir sind Vetter und Kusine zweiten Grades. Aber unsere Eltern waren sehr befreundet, deshalb fühlten wir uns wie Vetter und Kusine. Damals. Als wir in Rio de Janeiro lebten und meine Eltern sie eingeladen hatten, eine Zeit lang bei uns zu verbringen. Wir beide waren gerade fünfzehn. Stell dir vor!»

«Sie muss fabelhaft gewesen sein ...»

«Schön war sie! ... Ich habe mich bis über beide Ohren verliebt. Einen Tag nach ihrer Ankunft in Rio ging ich herum wie ein Schlafwandler. Ich verlor sogar den Appetit. Wir gingen zusammen an den Strand, und während sie sich neben mir sonnte, musste ich mich auf den Bauch legen, damit man mir die ungeheuerliche Sache nicht anmerkte ...»

Ich machte eine erklärende Geste mit den Händen und Ovalle brach in schallendes Gelächter aus.

«Und hast du sie dir geangelt?»

«Bist du verrückt? Mein Vater hätte mich ohne weiteres kastriert.»

«Konntest du es wenigstens gestern abend nachholen?»

Ovalle brach wieder in sein affenartiges schrilles Gelächter aus. Ich muss ja zugeben, dass ich daran gedacht hatte, aber alles zu seiner Zeit. Es war nicht dasselbe, fünfundzwanzig Jahre später abends auf der Diez de Julio zu gehen. Ich streckte einige Fühler aus, für alle Fälle, ohne sichtbaren Erfolg. Ovalle entschied dann, dass ein frontaler Angriff angeraten sei. Welcher Scharfsinn! Tatsache war, dass ich mich vor dem Haus der Schwester verabschiedete, mit einem Kuss auf die Wangen und einem halb spöttischen halb melancholischen Lächeln. Und als ich allein war, war ich richtig wütend. Ich kam mir wie durch eine Überdosis Enttäuschung vergiftet vor. Es bot sich mir die Gelegenheit, mich zu befreien, aber am Ende dieser Nacht hatte der Affe

Me dormí escuchando los chillidos infernales de la jaula de los monos.

«Es un órgano como cualquier otro», me dijo el cura español con que me confesaba en Río; «no tienes por qué avergonzarte». Pero era imposible no avergonzarse. Esperaba que ella se alejara, caminando por la orilla del mar, y pensaba en ecuaciones matemáticas, en escenas históricas, Aníbal cruzando los Apeninos con su caravana de elefantes, el ejército de Aníbal hundido tres días en el barro, el general Carrera frente al pelotón de fusilamiento. Al primer signo de alivio corría al agua. La lucha contra la resaca era el mejor calmante. Pero después la piel húmeda bajo el sol, el ligero vello rubio en los muslos mojados ... Fijé el domingo como plazo fatal para mi declaración. El domingo o nunca. Aunque no se presentara la oportunidad propicia y tuviera que espetársela en los oídos al entrar a la iglesia o en cualquier otro momento.

Ella aceptó la idea de salir de paseo el domingo. Encantada. En cuanto a mis padres, se sentían obligados a dedicar el domingo a la sobrina, pero habían recibido una invitación que los halagaba y mi proyecto los ayudó a salir del paso sin excesivos escrúpulos. Me darían dinero para el paseo y la juventud se entretiene mucho más entre ella, ¿no es así? Eramos muchachos muy conscientes, para mayor tranquilidad. Esa noche María Elena, en su dormitorio, conversó largo rato con mi madre, como empezaba a ser costumbre. El calor impedía dormir. Con la cabeza hundida en la almohada, escuchaba la voz apagada por el tabique: un zumbido en el que no se distinguían las palabras. Música de abejas infatigables, cuyos motores subían al cielo, mientras yo me sumergía en las sábanas blandas, de espuma, y ella corría por la playa, con los muslos húmedos, agitando en la mano derecha una raqueta de tenis. Sin darme cuenta, ha-

aus dem Tiergarten seine Macht gefestigt. Beim Einschlafen hörte ich das höllische Geschrei aus dem Affenkäfig.

«Es ist ein Organ wie jedes andere», sagte mir der spanische Pfarrer in Rio, der mir die Beichte abnahm, «du hast keinen Grund, dich zu schämen.» Aber es war unmöglich, sich nicht zu schämen. Ich hoffte, dass sie sich entfernen, am Strandufer entlang gehen würde, ich dachte an mathematische Formeln, an historische Ereignisse, Hannibal beim Überqueren der Apenninen mit seiner Elefantenkarawane, Hannibals Heer drei Tage im Schlamm versunken, General Carrera vor dem Erschießungskommando. Beim ersten Anzeichen von Erleichterung lief ich zum Wasser. Der Kampf gegen die Dünung war die beste Beruhigung. Aber dann die feuchte Haut an der Sonne, der sanfte blonde Flaum auf den nassen Schenkeln . . . Ich setzte mir den Sonntag als letzte Frist, um ihr meine Liebe zu gestehen. Sonntag oder nie. Auch wenn sich keine geeignete Gelegenheit böte und ich es ihr beim Kirchgang ins Ohr schreien müsste oder zu irgendeinem anderen Zeitpunkt.

Sie nahm meinen Vorschlag an, am Sonntag einen Spaziergang zu machen. Gern. Was meine Eltern betraf, so fühlten sie sich zwar verpflichtet, den Sonntag der Nichte zu widmen, aber sie hatten eine Einladung erhalten, über die sie sich freuten, und mein Vorhaben half ihnen, sich ohne all zu viel Gewissensbisse davonzumachen. Sie würden mir Geld geben für den Ausflug, und überhaupt ist die Jugend doch lieber unter sich, nicht wahr? Wir waren ja vernünftige junge Leute, beruhigenderweise. Diesen Abend sprach María Elena in ihrem Schlafzimmer lange mit meiner Mutter, das begann schon zur Gewohnheit zu werden. Die Hitze ließ mich nicht schlafen. Den Kopf in den Kissen vergraben, hörte ich die von der Trennwand gedämpfte Stimme: ein Summen, in dem die Wörter nicht zu erkennen waren. Musik von unermüdlichen Bienen, deren Motoren zum Himmel aufstiegen, während ich in die weichen schaumigen Laken tauchte und sie am Strand umherlief, mit feuchten Schenkeln, in der rechten Hand einen Tennisschläger schwingend. Ohne es zu merken, hatte ich mich

bía nadado lejos de la orilla y las fuerzas me comenzaban a flaquear. Caí en un estado de sopor, y tuve la intuición de que la corriente me arrastraba a una muerte voluptuosa, irresistible. María Elena, desde la playa, movía los brazos, dando gritos que se perdían en el espacio vacío. «No te alarmes», murmuré; «me estoy juntando contigo por debajo de las olas». Sentía sus piernas debajo de las olas y el placer me dilataba los labios. El orgasmo me despertó en el momento preciso en que mi madre se despedía y cerraba la puerta de su habitación. Escuché a través del tabique el cuerpo que buscaba acomodo en la cama, el crujido de los resortes. Pronto el ritmo acompasado de la respiración me llevó en sus alas a espirales confusos, donde la voz de mi madre reanudaba un monólogo sentencioso, lleno de advertencias incomprensibles.

– ¡Qué simpática era tu madre! – dijo María Elena –. Con ella se podía conversar de todo.

Bebimos un sorbo fresco de borgoña y noté que las arrugas del cuello y las patas de gallo ya no me desagradaban tanto. Los ojos conservaban el brillo que les había conocido en la adolescencia, pero los años habían borrado su desafiante agresividad. Ahora me miraban en forma serena, levemente risueños. Mi presencia parecía suscitar evocaciones amables, realzadas por una ligera dosis de humorismo. Pensaba hablarle y echar todo el asunto a la broma, cuando Ovalle acercó su silla y pidió permiso para contar un «chiste colorado». ¡El muy cretino! Su señora insinuó una protesta y él hizo como si no la hubiera oído. Fue el que más celebró su propio chiste, echándose para atrás en la silla y dándose palmadas en el vientre, mientras la risa lo congestionaba entero. Sus hombros enclenques fueron sacudidos durante largo rato por las convulsiones de la
risa. Las comisuras de los labios se le llenaron de 144
saliva verdosa y le asomó a los ojos un fulgor mal- 145

schwimmend weit vom Ufer entfernt, und meine Kräfte fingen an nachzulassen. Ich fiel in einen Zustand der Benommenheit und ahnte, dass die Strömung mich in einen wollüstigen unwiderstehlichen Tod mitriss. María Elena stand am Strand, bewegte die Arme und rief mir, aber ihre Rufe verloren sich im leeren Raum. «Reg dich nicht auf», murmelte ich, «ich vereinige mich gerade mit dir unter den Wellen.» Ich spürte ihre Beine unter den Wellen, die Lust öffnete mir die Lippen. Der Samenerguss weckte mich genau in dem Augenblick, als meine Mutter sich von ihr verabschiedete und die Zimmertür schloss. Durch die Trennwand hörte ich den Körper, der eine bequeme Lage im Bett suchte, das Quietschen der Matratzenfedern. Bald trug mich der langsame Rhythmus der Atmung auf seinen Flügeln zu verwirrten Spiralen, wo die Stimme meiner Mutter einen schulmeisterlichen Monolog voll unverständlicher Ermahnungen wieder aufnahm.

«Wie nett deine Mutter war», sagte María Elena, «man konnte mit ihr über alles reden.»

Wir tranken einen kühlen Schluck Burgunder und ich stellte fest, dass mir die Falten am Hals und die Krähenfüße schon nicht mehr so sehr missfielen. Die Augen hatten noch den Glanz, den ich aus ihrer Jugend kannte, doch die Jahre hatten die herausfordernde Angriffslust gelöscht. Jetzt sahen sie mich ruhig, leicht strahlend an. Meine Anwesenheit schien angenehme Erinnerungen hervorzurufen, von einer leichten Prise Humor verschönert. Ich hatte im Sinn, mit ihr zu sprechen und die ganze Sache mit einem Scherz abzutun, als Ovalle seinen Stuhl heranrückte und um Erlaubnis bat, einen «schlüpfrigen Witz» erzählen zu dürfen. So ein blöder Kerl! Seine Frau protestierte leise, aber er tat, als hätte er sie nicht gehört. Er war es, der am meisten über seinen eigenen Witz lachte, wobei er sich im Stuhl zurücklehnte und sich mit den Händen auf den Bauch schlug, während er vor Lachen fast umkam. Seine schwächlichen Schultern bebten eine lange Zeit unter seinem Lachanfall. Die Mundwinkel füllten sich mit grünlichem Speichel und in seinen Augen erschien ein krankhaftes

sano, repelente. Vi que se preparaba para contar otro chiste y me puse de pie, dispuesto a retirarme. «¿Quieres que te acompañe a tu casa?», le pregunté a María Elena. Ella mantenía una expresión plácida que me desconcertó. Ovalle, tímidamente secundada por su esposa, insistió con vehemencia en que nos quedáramos a comer. Podía improvisarse «cualquier cosita». Como María Elena no oponía mayor resistencia, opté finalmente por sentarme y resignarme a soportar una interminable corrida de chistes. Ovalle acercaba su rostro a nosotros, con los ojos inyectados en sangre, sobreexcitados, y tuve la sensación de que su aliento se tornaba cada vez más fétido. Nos salvó el llamado de su señora desde la cocina, que le pedía que destapara el vino.

– Un domingo la invité a dar un paseo. ¿Sabes lo que ocurrió?

Ovalle tomó las providencias necesarias para escuchar. Puso una pierna encima del brazo desvencijado del sillón y aspiró una profunda bocanada de humo.

Entre las palmeras, en la falda de un morro, veíamos una casa de muros rosados, con barandas y pilares de madera blanca. «En esa casa», dije, «en la época de Don Pedro II, transcurrió una gran historia de amor». Quise que María Elena me mirara a los ojos, pero fue inútil. Boquiabierta, contemplaba la filigrana de los balaustres, que un macizo de vegetación nos iba ocultando. «¿Dónde sale esa historia?», preguntó ella; «¿en una novela?» «No», le dije; «es una historia real. ¡Mucho mejor que una novela!» Ella me rogó que se la contara, y era tal su curiosidad que no fui capaz de confesarle que no la conocía. Los árboles acabaron de tapar el techo enhiesto, que había cobijado esos encuentros clandestinos. Me parecía oír el revoloteo de la seda en una sala en penumbra, junto a pesados cortinajes y muebles de ébano, mientras afuera la bahía se des-

widerliches Flackern. Ich sah, dass er drauf und dran war, noch einen Witz zu erzählen, und so erhob ich mich, in der Absicht, zu gehen. «Möchtest du, dass ich dich nach Hause bringe?» fragte ich María Elena. Sie behielt ihren friedlichen Ausdruck bei, was mich verwirrte. Ovalle, von seiner Frau schüchtern unterstützt, bestand aufgebracht darauf, dass wir zum Essen blieben. Man könne «irgendeine Kleinigkeit» improvisieren. Da María Elena nichts dagegen einwandte, beschloss ich endlich, mich zu setzen und mich damit abzufinden, eine endlose Reihe von Witzen zu ertragen. Ovalle näherte sich uns mit seinem Gesicht, mit blutunterlaufenen, höchst erregten Augen, und ich hatte den Eindruck, als würde sein Mundgeruch immer übler. Uns rettete der Ruf seiner Frau aus der Küche, die ihn bat, den Wein zu öffnen.

«Eines Sonntags lud ich sie zu einem Spaziergang ein. Und weißt du, was passierte?»

Ovalle traf die nötigen Vorbereitungen zum Zuhören. Er legte ein Bein über die schon recht wackelige Lehne des Sessels und begann mit einem tiefen Lungenzug zu rauchen.

Zwischen den Palmen, an einem Bergabhang, sahen wir ein Haus mit rosafarbenen Mauern, mit Geländern und Säulen aus weißem Holz. «In diesem Haus», sagte ich, «spielte sich zur Zeit von Dom Pedro II. eine große Liebesgeschichte ab.» Ich wollte, dass María Elena mir in die Augen sah, doch es war vergeblich. Mit offenem Mund schaute sie auf die kunstvoll geschnitzten Geländer, die von dem Dickicht vor uns verdeckt wurden. »Wo kommt denn diese Geschichte her?» fragte sie, «Aus einem Roman?» «Nein», sagte ich, «es ist eine wahre Geschichte. Viel besser als ein Roman!» Sie bat mich, sie zu erzählen und ihre Neugier war so groß, dass ich nicht fähig war, ihr zu gestehen, dass ich sie nicht kannte. Die Bäume verdeckten jetzt ganz das steile Dach, unter dem diese heimlichen Treffen stattgefunden hatten. Mir war, als hörte ich das Rascheln der Seide in einem halbdunklen Saal, neben schweren Vorhängen und Möbeln aus Ebenholz, während sich draußen

perezaba al sol del trópico. Le hablé a María Elena de un gran Ministro de la corte de Don Pedro y de sus citas amorosas, en esa casa, con la joven mujer de un financista. El desenlace de mi relato era un duelo en que el Ministro moría; el financista debía huir del país y la heroina de la historia terminaba encerrada en un convento de Portugal. «¿Te gustó?» «Sí», respondió ella; «pero el final no me gustó tanto. ¡Mira que terminar encerrada en un convento!» Sonreímos y nos encogimos de hombros, gozando con el impacto de la brisa tibia y con el balanceo de la lancha, que regesaba al muelle a gran velocidad. «Ahora vamos al Zoológico. ¿Quieres?»

– Por labia no te quedaste – dijo Ovalle –. ¡La tremenda historia que le fuiste a inventar!

Pero tuve esa desgraciada ocurrencia de invitarla al Zoológico ¡Ahí se echó todo a perder!

– ¿Por qué? – preguntó Ovalle.

Fue un amigo de mi padre, un brasileño, el que nos mostró la casa en la falda del cerro, durante un paseo que hicimos en los primeros días de nuestra llegada a Río. Después de la vuelta en lancha por la bahía nos llevó al Zoológico de la ciudad, cuyos jardines rodean el antiguo edificio de uno de los emperadores. Nos contó que el emperador tenía escondida en el palacio a una mulata bellísima, a quien se vislumbraba, a veces, entre las cortinas de tul y brocato de los grandes ventanales. Se escuchaba debajo de las altas palmeras, junto a helechos gigantescos, en medio de un calor aplastante, el griterío de los pájaros y la zalagarda ensordecedora de los monos. Había una variedad de pájaros y monos interminable, pero el lugar más entretenido, al menos para mí, era la jaula de los monos comunes y corrientes, una especie de potrero enjaulado lleno de vericuetos, columpios, troncos de árbol, bajadas y subidas, con una población abigarrada de pequeños seres irascibles, en movimiento perpetuo, que se descolgaban de

unter der Tropensonne die Bucht rekelte. Ich erzählte María Elena von einem hohen Minister an dem Hofe Dom Pedros und von seinen Stelldichein in diesem Haus mit der jungen Frau eines Bankmenschen. Das Ende meiner Erzählung war ein Duell, bei dem der Minister starb; der Bänker musste aus dem Land fliehen, und die Heldin der Geschichte endete in der Abgeschiedenheit eines portugiesischen Klosters. «Hat es dir gefallen?» «Ja», antwortete sie, «aber das Ende mochte ich nicht so recht. Stell dir vor, in ein Kloster eingesperrt zu werden!» Wir lächelten und zuckten mit den Schultern und freuten uns an der lauen Brise und dem Schaukeln des Bootes, das schnell zum Anlegesteg zurückkehrte. «Jetzt gehn wir in den Zoo. Hast du Lust?»

«Du hast ja ein recht gutes Mundwerk», sagte Ovalle. «Eine tolle Geschichte hast du dir da ausgedacht!»

«Aber ich hatte die unselige Idee, sie in den Zoo einzuladen. Und dort wurde alles zunichte!»

«Wieso?» fragte Ovalle.

Es war ein Freund meines Vaters, ein Brasilianer, der uns das Haus am Berghang zeigte, während einer Spazierfahrt, die wir in den ersten Tagen nach unserer Ankunft in Rio unternahmen. Nach der Bootsfahrt in der Bucht ging er mit uns in den städtischen Tierpark, dessen Gärten rund um eines der alten kaiserlichen Gebäude herum liegen. Er erzählte uns, dass der Kaiser eine bildschöne Mulattin im Palast versteckt hielt, die man manchmal durch die Tüll- und Brokatgardinen der großen Fenster erspähen konnte. Unter den hohen Palmen, bei den Riesenfarnen, hörte man bei drückender Hitze das Gekreische der Vögel und das ohrenbetäubende Lärmen der Affen. Es gab eine endlose Anzahl von Vogel- und Affenarten, doch der lustigste Ort war, zumindest für mich, der Käfig mit den ganz gewöhnlichen Affen, eine Art Gehege, voller Winkel, Schaukeln, Baumstämme und Wege, die aufwärts und abwärts führten, dicht bevölkert mit kleinen, gereizten Wesen, die in ständiger Bewegung waren, sich überall herunterließen, stehenblieben, um sich wütend zu kratzen,

todas partes, que se detenían para rascarse con furia, daban chillidos súbitos, inmotivados, o alargaban por entre los barrotes las manos ávidas, cuyas palmas tenían un repulsivo aspecto humano, en demanda de un maní que empuñaban con avaricia y que mordían inquietos, como si desconfiaran de sus vecinos.

Con María Elena, ese domingo, repetí el recorrido de aquella primera salida, que se me había quedado grabada. Hice buen uso, por supuesto, de las anécdotas del amigo brasileño de mi padre. Cuando estuvimos frente al palacio me acerqué a ella y le señalé la ventana en que, según la tradición, solía divisarse el perfil de la mulata, en las tardes otoñales. «¿Y por qué la tenía encerrada?», preguntó María Elena. «Porque no era bien visto que el emperador . . .» «¡Ah!», exclamó ella. Medité sobre la posibilidad de tomarla de nuevo del brazo, pero ella empezó a caminar y pensé que la coyuntura favorable había pasado. «Por estar pajareando», me dije, y me propuse no bajar la guardia, atento a la próxima ocasión. Pudo presentarse frente al recinto de los elefantes, pero eran ejemplares mezquinos, tristones, que no nos inspiraron. Había una cebra joven, hermosa, que movía los belfos húmedos como si husmeara la brisa de los espacios abiertos. «¿Te gusta?», le pregunté, muy cerca del oído. «Sí», dijo ella; «¡es linda!» Estuve a punto entonces de actuar, pero otra vez María Elena emprendió la marcha y me dejó con un palmo de narices, mirando a la cebra que parecía burlarse y hacerme morisquetas con el hocico. Observamos largo rato un armadillo de aspecto siniestro, que daba vueltas por el perímetro de su jaula repitiendo una trayectoria idéntica, obcecado, con extraña prisa. Era como el producto de una fantasía diabólica, medieval, y su sola presencia, su premeditación obsesiva e inútil, paralizaba cualquier avance. Una jaula de diminutos pájaros de todos colores nos hizo mejorar de ánimo. Ella acercó el rostro a las

plötzlich ohne jeden Grund loskreischten oder ihre gierigen Hände mit den unangenehm menschenartig aussehenden Handflächen durch die Gitterstäbe streckten und eine Erdnuss verlangten, die sie dann besitzwütig festhielten und unruhig kauten, als misstrauten sie ihren Nachbarn.

An diesem Sonntag ging ich erneut mit María Elena die Strecke jenes ersten Ausflugs, der sich mir ins Gedächtnis eingeprägt hatte. Natürlich kamen mir die Anekdoten des brasilianischen Freundes meines Vaters sehr gelegen. Als wir vor dem Palast standen, näherte ich mich ihr und zeigte ihr das Fenster an dem man gewöhnlich, laut Überlieferung, an Herbstnachmittagen die Silhouette der Mulattin erkennen konnte. «Und warum hatte er sie eingesperrt?» fragte María Elena. «Weil es sich für einen Kaiser nicht schickte ...» «Ach!» rief sie aus. Ich überlegte, ob ich wieder ihren Arm nehmen sollte, doch sie ging weiter, und ich dachte, dass die günstige Gelegenheit vorbei war. «Nicht aufgepasst», sagte ich mir und nahm mir vor, aufmerksam auf die nächste Gelegenheit zu warten. Die hätte sich vor dem Elefantengelände ergeben können, doch es waren armselige traurige Tiere, die uns nicht begeisterten. Es gab ein schönes Zebrajunges, das die feuchten Lippen bewegte, als schnupperte es die Brisen des weiten Landes. «Gefällt es dir?» fragte ich sie, ganz nahe am Ohr. «Ja», sagte sie, «es ist schön!» Ich war kurz davor zu handeln, doch wieder setzte sich María Elena in Bewegung und machte mir eine lange Nase, während ich das Zebra ansah, das mich zu verhöhnen und mir mit seinem Maul Grimassen zu schneiden schien. Wir beobachteten lange Zeit ein unheimlich aussehendes Gürteltier, das unentwegt seinen Käfig abging, stur, immer den gleichen Weg wiederholend, mit einer seltsamen Hast. Es sah aus wie das Erzeugnis einer teuflischen mittelalterlichen Phantasie, und schon allein seine Anwesenheit, sein besessener und zweckloser Vorbedacht, erstickte jede Annäherung im Keim. Ein Käfig mit winzigen Vögeln aller Farben besserte unsere Laune. María Elena näherte das Gesicht den Gitterstäben, um besser zu sehen. Ich verschlang

rejas, para ver mejor. Yo me la devoraba con los ojos; pensé decirle que prefería mirarla a ella que a los pájaros o a cualquier cosa. Me pareció que el piropo era muy oportuno. Pero ella, mientras yo tragaba saliva antes de hablar, retiró la cara de las rejas bruscamente, llena de alegría. «¿Quieres que compremos un poco de maní para los monos?», le propuse.

– ¿Sabes lo que pasó entonces?

Ovalle aplastó el pucho en el suelo de la oficina. Después se rascó rápidamente, con verdadera saña, una pierna macilenta. El calcetin se desplomaba sobre los zapatos sucios, de tacos carcomidos. Gruñó para indicar que esperaba con nerviosa impaciencia el desenlace. Los monos, entretanto, pelaban frenéticos un maní detrás del otro. Con la palma de las manos se los echaban a la boca y pedían más. Había uno que atropellaba a sus compañeros y se colocaba siempre al frente. Su excitación era tal que no sabía si balancearse, aferrado a los barrotes, o estirar una mano temblorosa para que le dieran maní. Lo extraño es que clavaba los ojos en María Elena con intensidad inusitada. Nos reíamos a carcajadas y yo me imaginaba, no sé por qué, que el deseo del mono era lanzar un llamado angustioso, un alarido que nos perforara los tímpanos, silenciando el bullicio heterogéneo de los demás animales. «Parece que quiere hablarte», dije, y en ese preciso momento vi, con espanto, que el sexo del mono, rojo, puntiagudo, estaba en erección, y que la mano derecha se desprendía de su asidero y empezaba a frotar con furia ese estoque mínimo, apuntado hacia María Elena, ese súbito instrumento de combate desenfundado de entre las piernas; vi que lo frotaba con fruición furiosa, ardiente, sin desclavar la vista de María Elena, mientras los chillidos del resto de los monos, que no habían cesado de estirar las manos en demanda de maní, crecían y formaban un coro burlesco y obsceno.

sie mit den Augen; ich setzte schon an, ihr zu sagen, dass ich lieber sie anschaute als die Vögel oder irgend etwas anderes. Dieses Kompliment schien mir sehr passend. Doch während ich vor dem Sprechen noch schluckte, zog sie plötzlich, voller Freude, ihr Gesicht vom Gitter zurück. «Willst du, dass wir ein paar Erdnüsse für die Affen kaufen?» schlug ich ihr vor.

«Und weißt du, was dann passierte?»

Ovalle drückte den Zigarettenstummel auf dem Büroboden aus. Dann kratzte er sich schnell, richtig wütend, an seinem hageren Bein. Die Socke rutschte auf die schmutzigen Schuhe mit den abgelaufenen Absätzen. Er grunzte, um zu verstehen zu geben, dass er aufgeregt und ungeduldig auf den Schluss wartete. Inzwischen schälten die Affen wie wild eine Erdnuss nach der anderen. Sie warfen sie sich mit der Handfläche in den Mund und verlangten mehr. Da gab es einen, der seine Kameraden umrannte und sich immer vorne hinstellte. Er war so aufgeregt, dass er nicht wusste, ob er an die Stäbe geklammert, hin und her schaukeln oder eine zitternde Hand ausstrecken sollte, um Erdnüsse zu bekommen. Das Seltsame war, dass er María Elena mit ungewöhnlicher Eindringklichkeit anstarrte. Wir lachten laut heraus, und ich stellte mir vor, ich weiß nicht warum, dass der Affe einen angstvollen Schrei ausstoßen wollte, einen Schrei, der uns das Trommelfell durchbohren würde, einen Schrei, mit dem er den ganzen verschiedenartigen Lärm der anderen Tiere übertönte. «Er will dir anscheinend etwas sagen», sagte ich, und in genau diesem Augenblick sah ich entsetzt, dass das rote spitze Glied des Affen steif geworden war und dass seine rechte Hand sich vom Gitter löste und diesen winzigen Degen wild zu reiben begann; mit dieser unerwarteten, zwischen den Beinen hervorgeholten Kampfwaffe zielte er auf María Elena; ich sah, wie er sie mit wütender, feuriger Wonne rieb, ohne den Blick von María Elena abzuwenden, während das Geschrei der anderen Affen, die nicht aufgehört hatten die Hände bettelnd nach Erdnüssen auszustrecken, immer stärker wurde und einen derben, obszönen Chor bildete.

Ovalle se desternilló de la risa; se echó para atrás en el sillón y levantó las piernas flacas, peludas, con los calcetines caídos. Al poco rato tenía los ojos inyectados en sangre y le salía espuma por la comisura de los labios. «Lo que es la fuerza del hábito», me dije, calculando el tiempo de mi vida que había gastado junto a ese energúmeno: ¡ocho horas diarias, cinco días y medio por semana, durante más de dos años! Cerca de la cuarentena ya empezamos a sospechar que no somos inmortales. Ahí está lo dramático del asunto. Lo peor es que mi ansiedad por relatar la historia no se apaciguaba. La saliva con que Ovalle me había bañado la cara, que quizás me llenaría de sarpullido, como la de los huanacos, no me redujo al silencio.

– Ella dio media vuelta – le dije –, y nos fuimos. Ambos estábamos ruborizados hasta la punta de las orejas. En todo el camino de regreso no cruzamos más de dos o tres palabras, por estricta obligación, porque tampoco podíamos darnos por aludidos del incidente y el silencio absoluto habría sido demasiado anormal. El lunes y el martes nos ingeniamos para no encontrarnos, a pesar de que en ese departamento no resultaba fácil. El miércoles supe que había fijado su regreso para el jueves en la noche. «¿Por qué tan luego?», decía mi padre, insistiendo para que se quedara. Nunca pudo entender. Tres años después bajó a la tumba sin haber resuelto este pequeño enigma, que de vez en cuando le volvía a la memoria. «¿No le habrás faltado al respeto?», me preguntaba de repente, pero él sabía que eso no formaba parte de mi carácter, y yo sabía que sólo lo decía por tirarme la lengua.

– Mi madre se esforzó menos por retener a mi prima. Como si supiera de antemano que sus esfuerzos iban a ser inútiles. O impulsada, quizás, a pesar suyo, por una pizca de celos. Porque a mí el amor me hacía perder el apetito, y mi padre,

Ovalle kugelte sich vor Lachen, er warf sich in seinem Sessel nach hinten und hob die dünnen, behaarten Beine mit den heruntergerutschten Socken. Etwas später waren seine Augen blutunterlaufen, und Schaum lief ihm aus den Mundwinkeln. «So ist die Macht der Gewohnheit», sagte ich mir, und rechnete mir aus, wieviel Zeit meines Lebens ich zusammen mit diesem Verrückten verschwendet hatte: acht Stunden täglich, fünfeinhalb Tage pro Woche, mehr als zwei Jahre lang! Wenn man auf die Vierzig zugeht, beginnt man zu ahnen, dass man nicht unsterblich ist. Das ist das Tragische an der Sache. Das Schlimmste ist, dass meine innere Unruhe, diese Geschichte zu erzählen, sich nicht besänftigte. Der Speichel, mit dem Ovalle mein Gesicht bespritzt hatte und der möglicherweise einen Ausschlag hervorrief wie der der Guanakos, ließ mich nicht schweigen.

«Sie drehte sich um», sagte ich, «und wir gingen weg. Wir waren beide bis zu den Ohren schamrot. Auf dem ganzen Heimweg wechselten wir kaum mehr als zwei oder drei Worte, gezwungenermaßen, denn wir konnten ja die Sache nicht auf uns beziehen, und ein völliges Schweigen wäre allzu unnatürlich gewesen. Montag und Dienstag bemühten wir uns, ein Zusammentreffen zu vermeiden, obgleich es in dieser Wohnung nicht einfach war. Am Mittwoch hörte ich, dass sie ihre Abreise auf den Donnerstagabend gelegt hatte. «Warum so bald?», sagte mein Vater und bestand darauf, dass sie noch bliebe. Er konnte es nie verstehen. Drei Jahre später wurde er beerdigt, ohne dieses kleine Rätsel, an das er sich zuweilen erinnerte, gelöst zu haben. «Hast du dich vielleicht ungehörig benommen?» fragte er mich unvermutet, aber er wusste, dass das nicht meine Art war, und ich wusste, dass er es nur sagte, um mir die Zunge zu lösen.

«Meine Mutter bemühte sich weniger, meine Kusine zurückzuhalten. Als hätte sie von vornherein gewusst, dass ihre Mühe vergebens sein würde. Oder vielleicht unbewusst von einer Spur Eifersucht getrieben. Denn ich verlor vor Liebe den Appetit, und mein Vater sprach, kaum hatte er

cuando se tomaba dos copas, se ponía a hablarle a María Elena con aires de sátiro y sacaba unos cumplidos de galán de cine mexicano, que me causaban entre vergüenza ajena y risa. También estaba medio agarrado, el viejo. ¡Bueno: tendría un par de años más que nosotros ahora . . . ! ¿Que hay pulgas en esta oficina?

Ovalle puso una cara de angustia que me recordó la del mono. Creí que abriría la boca enorme, que le llegaba de oreja a oreja, y lanzaría un aullido capaz de estremecer los ámbitos oficinescos. Se tendió de costado en un sillón, con las piernas escuálidas colgando, encendió un cigarrillo y lanzó el fósforo lejos, con ademán de displicencia supina.

– Como te digo, nos pasamos la punta de los dedos frente a la puerta de la casa, mientras mi padre, que cinco días atrás nos había visto a partir de un confite, se devanaba los sesos y no entendía una sílaba, y allí, frente al motor en marcha del automóvil, finalizó nuestro idilio. Te confieso que pasé varias semanas de amargura, pero en la adolescencia las cosas se olvidan con facilidad. ¡Y en Río de Janeiro no faltaban ocasiones de olvidarse! El hecho es que nunca más la vi, hasta ayer en la noche . . .

– ¡Y cómo no te desquitaste!

– La verdad . . . – dije, y miré el techo de la oficina, con aire desencantado –. La verdad es que tuve la tentación de proponérselo, mientras la llevaba a su casa. Pero no se produjo el clima, ¿sabes tú? . . .

– ¡Qué huevón! Con ese antecedente . . .

– ¿Crees tú?

– ¡Seguro!

Sentí el pecho oprimido por una sensación espesa, que de algún modo incluía la conciencia del tiempo que transcurre, de la vejez que se nos viene
encima. En mis oídos rebotaron jirones de frases, 156
fragmentos lapidarios, cadencias grises que habla- 157

zwei Gläser getrunken, zu María Elena mit dem Gehabe eines Satyrs und brachte Komplimente hervor wie die Liebhaber in mexikanischen Filmen, die mich teils sonderbar beschämten und teils zum Lachen brachten. Den Alten hatte es ganz schön erwischt. Also gut: Er war ein paar Jahre älter als wir jetzt ...! Gibt es eigentlich Flöhe in diesem Büro?»

Ovalle machte ein verzweifeltes Gesicht, das mich an das der Affen erinnerte. Ich dachte, er würde den riesigen Mund aufreißen, der ihm von einem Ohr zu anderen reichte, und einen Schrei ausstoßen, der die Bürowände zum Beben brächte. Er legte sich seitlich in den Sessel, ließ die mageren Beine herunterbaumeln, zündete eine Zigarette an und warf mit einer Geste groben Missfallens das Streichholz weg.

«Wie ich dir sagte, vor der Haustür berührten sich gerade unsere Fingerspitzen, während mein Vater, der uns fünf Tage vorher sehr vertraut gesehen hatte, sich den Kopf zerbrach und kein Wort verstand. Dort, vor dem laufenden Motor des Autos, endete unsere Liebesgeschichte. Ich gestehe dir, dass ich einige bittere Wochen verbrachte, aber in der Jugend vergisst man schnell. Und in Rio de Janeiro fehlte es nicht an Gelegenheiten, zu vergessen. Tatsache ist, dass ich sie nicht wiedergesehen habe, bis gestern abend ...»

«Warum hast du es nicht nachgeholt?»

«Ehrlich gesagt ...» sagte ich und sah enttäuscht zur Decke des Büros hinauf, «ehrlich gesagt: ich war versucht, es ihr vorzuschlagen, als ich sie nach Hause brachte. Aber es ergab sich keine Gelegenheit, verstehst du?»

«Du Trottel! Mit dieser Vorgeschichte ...»

«Meinst du?»

«Klar!»

Ich fühlte meine Brust bezwungen von der Macht eines Gefühls, das in gewisser Weise das Bewusstsein der vergehenden Zeit einschloss, das Bewusstsein des nahenden Alters. An meine Ohren drangen Satzfetzen, knappe Bruchstücke, graue Kadenzen, die von einem frisch geöffneten

ban de una fosa recién abierta, en espera del asesino que sería ahorcado al amanecer, mientras la fila de presidiarios, ya de noche, regresaba a sus celdas evocadoras del Infierno. Mis pensamientos se habían puesto tan lúgubres que llegaron a darme risa.

– ¡ Qué quieres que le haga ! – le dije –. La verdad es que no me atreví . . .

– ¡ Quiere decir que todavía estás acomplejado con ese mono !

– ¡ Cuando menos ! . . .

– ¡ Seguro ! En cambio a ella no debe de importarle un rábano. ¡ Se ve que todavía no conoces a las mujeres !

Hice un gesto de impotencia, para indicar que ese desconocimiento dependía de fuerzas superiores a mi voluntad:

– Cuando aprenda a conocerlas – dije, bajo el efecto de una nueva oleada de sensaciones melancólicas –, quizás ya sea demasiado tarde. De poco me va a servir . . .

Ovalle se había puesto de pie y parecía entrar en un estado de fiebre. Me miró con los ojos en blanco.

– En cambio – le dije, riéndome –, conozco bastante a los monos. El Jefe de Pensiones, para no ir más lejos, es una especie de orangután . . .

– ¡ Esto es un zoológico ! – gritó Ovalle, recorriendo la oficina a grandes zancadas. Sospeché que su estado febril podía asumir proporciones verdaderamente patológicas. Lo sensato hubiera sido guardar silencio, pero no me podía contener:

– ¡ Tienes razón ! – exclamé –. Y las muchachas virginales se asoman a las ventanas, a las rejas, quiero decir, ¡ y huyen despavoridas, muertas de vergüenza !

– ¡ Pero las otras se abren de piernas ! – vociferó
Ovalle, lanzando carcajadas que me inundaron 158
con nuevas lluvias de saliva. 159

Grab sprachen, in Erwartung des Mörders, der im Morgengrauen gehängt würde, während die Reihe Gefangener bereits nachts in ihre höllenartigen Zellen zurückkehrte. Meine Gedanken waren so düster geworden, dass ich fast lachen musste.

«Was soll ich machen?» sagte ich. «Tatsache ist, dass ich mich nicht getraut habe ...»

«Das bedeutet, dass dieser Affe dir immer noch zu schaffen macht!»

«Etwas schon!»

«Bestimmt! Ihr dagegen ist das wahrscheinlich völlig schnuppe. Man sieht, dass du die Frauen immer noch nicht kennst!»

Ich machte eine hilflose Geste, um anzudeuten, dass diese Unkenntnis von Kräften abhing, die außerhalb meiner Willenskraft lagen:

«Wenn ich sie jemals kennen sollte», sagte ich, unter dem Eindruck einer neuen Welle von Melancholie, «dann ist es vielleicht zu spät. Viel wird es mir dann nicht nützen ...»

Ovalle hatte sich erhoben und schien in einen Fieberzustand einzutreten. Er sah mich mit verdrehten Augen an.

«Dafür kenne ich die Affen recht gut», sagte ich lachend. Der Personalchef, um ein naheliegendes Beispiel zu nennen, ist eine Art Orang-Utan ...»

«Ein Zoo ist das hier!» schrie Ovalle und lief mit großen Schritten durch das Büro. Ich fürchtete, dass sein Fieberzustand krankhafte Ausmaße erreichen könnte. Vernünftig wäre gewesen, zu schweigen, aber ich konnte mich nicht zurückhalten:

«Du hast recht!» rief ich aus. «Und die jungfräulichen Mädchen erscheinen an den Fenstern – an den Gittern, sollte ich sagen – und laufen entsetzt davon, zutiefst beschämt!»

«Aber die anderen spreizen die Beine!» brüllte Ovalle, und seine Lache überschwemmte mich mit neuem Speichelregen.

– ¡Y yo también arranco! ¡O persigo a las vírgenes inaccesibles, que me dan calabaza tras calabaza! ¡Que ni siquiera me dan calabazas! Porque las persigo con tanto disimulo, que ni siquiera ...

– ¡No tenís remedio, viejo! – dictaminó Ovalle, envuelto en gruesas bocanadas de humo.

Un acceso de risa muda, que subía desde sus vísceras, lo sacudió entero. La risa, en vez de cesar, se prolongaba interminablemente. Transcurrieron largos minutos en que no atiné a modular una sílaba. Ahora no sé; creo que de repente partió y que yo me quedé dormido. Tengo el vago recuerdo de sombras crepusculares que invadían la pieza. De pronto me imaginé, o soñé, ahora no podría prescisarlo, que Ovalle se había achicado y que la piel de su rostro se recogía en pliegues innumerables. Estiraba las manos largas y menudas, lleno de insuperable angustia, y mientras yo retrocedía contra el muro para salvarme de ese contacto, sobrecogido de repugnancia, él, de un salto, chillando y mostrando los dientes, se trepaba a la cima del mueble que guardaba los archivadores y libros de cuentas. Desde ahí me miraba con desconfianza, con el rabillo del ojo. Su cuerpo adquiría un balanceo anormal, como si vacilara entre lanzarse al ataque o permanecer a la defensiva.

Tenía la boca reseca y una sensación de malestar en todo el cuerpo, un sudor frío. La noche anterior, en su casa, estuve a punto de hablar con María Elena, a punto de romper la incomunicación establecida frente a la jaula de los monos, en Río de Janeiro; pero Ovalle, primero, tuvo la mala ocurrencia de interrumpirnos para contar su chiste fósil, y más tarde, en el camino de regreso, no conseguí sacar la voz. No es imposible que ella, como
dijo Ovalle ... Con las mujeres no se sabe nunca. 160
Pero lo que sospecho, después de reflexionar un 161

«Und ich laufe auch davon! Oder ich laufe hinter den unerreichbaren Jungfrauen her, die mir einen Korb nach dem anderen geben! Die mir nicht einmal einen Korb geben! Denn ich laufe so unauffällig hinter ihnen her, dass sie gar nicht ...»

«Dir ist nicht zu helfen, Alter!» entschied Ovalle, in dichte Rauchwolken gehüllt.

Ein tonloser Lachanfall, der aus seinem Inneren emporstieg, schüttelte seinen ganzen Körper. Das Lachen hörte nicht etwa auf, sondern setzte sich endlos fort. Lange Minuten verstrichen, in denen ich nicht fähig war, eine Silbe hervorzubringen. Mehr weiß ich nicht; ich glaube, er ist plötzlich gegangen und ich bin eingeschlafen. Ich habe eine verschwommene Erinnerung an abendliche Schatten, die in das Zimmer eindrangen. Auf einmal stellte ich mir vor oder träumte ich – jetzt kann ich es nicht mehr genau sagen –, dass Ovalle sich verkleinert hatte und die Haut seines Gesichtes sich in unzählige Falten zusammenzog. In unüberwindlicher Angst streckte er die langen kleinen Hände aus, und während ich, von Ekel übermannt, zur Wand zurückwich, um mich vor der Berührung zu retten, kletterte er kreischend und die Zähne zeigend mit einem Sprung auf das Möbel, in dem die Ordner und Rechnungsbücher aufbewahrt wurden. Von dort sah er mich aus den Augenwinkeln misstrauisch an. Sein Körper begann sich auf seltsame Art hin und her zu wiegen, als zweifelte er, ob er einen Angriff wagen oder in Abwehr bleiben sollte.

Mein Mund war ausgetrocknet, und ich hatte ein unangenehmes Gefühl im ganzen Körper, kalter Schweiß brach mir aus. Am vorigen Abend, in seinem Haus, war ich drauf und dran gewesen, mit María Elena zu sprechen, drauf und dran, die vorm Affenkäfig in Rio de Janeiro unterbrochene Beziehung wieder aufzunehmen, doch erst hatte Ovalle den schlechten Einfall gehabt, uns mit seinem uralten Witz zu unterbrechen, und später, auf dem Nachhauseweg, brachte ich keinen Ton heraus. Es ist nicht ausgeschlossen, dass sie, wie Ovalle sagte ... Bei den Frauen weiß man nie. Doch nachdem ich ein wenig über die Sache nachgedacht

poco sobre el asunto, es que en realidad no quise romper ese tabú. Fui yo el que no quiso romperlo. Habría sido como dilapidar algo.

Y a Ovalle, con su majadería babosa, me habría gustado torcerle el pescuezo. . . . Yo cuento los minutos a lo largo del día, en medio del griterío orgiástico, ensordecedor, que no me permite concentrarme en mis tareas, atender a las providencias que debo despachar esta misma tarde si quiero estar tranquilo hasta mañana por la mañana, redactar la nota reservada que debo cursar al Director de Planeamiento, cuyo atraso me roe los nervios hace días y ha comenzado a desvelarme por las noches. ¡Mañana a primera hora estará lista! . . . Siempre que Ovalle, con su aliento repulsivo, no venga a revolverme los papeles y a tamborilear en la madera, porque eso es lo que más me altera los nervios, cuando tamborilea con sus manos menudas y arrugadas, de palmas blancuzcas, en la madera, y yo ya estoy cansado de acompañarlo a tomar una cañita al bar de la esquina; de arrojarle maní, como quien dice; de hacerle gracias y proponerle distracciones para eludir sus zarpazos repentinos, alevosos . . . ¡Hasta cuándo diablos! En este jueguito he malgastado mis mejores energías, los restos de mi juventud, y las providencias, la nota reservada al Director de Planeamiento, los papeles sin archivar, esperan; las cáscaras de maní se acumulan; y el orangután, al otro lado del muro, se da puñetazos en el pecho, amenazante . . .

habe, glaube ich, dass ich im Grunde den Bann gar nicht brechen wollte. Ich war es, der ihn nicht brechen wollte. Es wäre gewesen wie etwas vergeuden.

Dem Ovalle mit seinem albernen Geschwätz hätte ich zu gern den Hals umgedreht ... Ich zähle die Minuten des Tages, inmitten des orgiastischen ohrenbetäubenden Geschreis, das mir nicht erlaubt, mich meiner Arbeit zu widmen, mich um die Bescheide zu kümmern, die heute nachmittag unweigerlich hinausgehen müssen, damit ich bis morgen früh beruhigt sein kann, für den Planungsdirektor die vertrauliche Mitteilung zu schreiben, deren Verspätung seit Tagen an meinen Nerven zerrt und begonnen hat, mir schlaflose Nächte zu bereiten. Morgen in aller Frühe wird sie fertig sein! ... Vorausgesetzt, dass nicht Ovalle mit seinem ekelhaften Mundgeruch herkommt, meine Papiere in Unordnung bringt und mit den Fingern auf dem Holz trommelt, denn das ist es, was meinen Nerven am meisten zusetzt, wenn er mit seinen kleinen, faltigen Händen mit den weißlichen Handflächen auf dem Holz trommelt und ich bin es schon satt, ihn in die Kneipe an der Ecke zu begleiten, um ein Schnäpschen zu trinken, ihm Erdnüsse hinzuwerfen, wie man so sagt, mit ihm zu spaßen und ihn abzulenken, um seinen plötzlichen, heimtückischen Prankenhieben zu entgehen ... Wie lange noch, zum Teufel! Mit diesem Spielchen habe ich meine besten Energien vergeudet, die Reste meiner Jugend und die Bescheide, die vertrauliche Mitteilung an den Planungsdirektor, die Papiere zum Ablegen warten; die Erdnussschalen häufen sich an, und der Orang-Utan, auf der anderen Seite der Mauer, schlägt sich mit den Fäusten auf die Brust, bedrohlich ...

Bio-bibliographische Notizen

Isabel Allende, geboren 1942 in Chile, Nichte des ehemaligen Präsidenten, lebte nach dem Coup der Militärs einige Jahre in Venezuela und ist heute in San Francisco, USA, ansässig. Sie schreibt Romane, Theaterstücke, Fernseh- und Zeitungsberichte und Kindergeschichten und arbeitet als Fernseh-Moderatorin. Isabel Allende ist sicherlich eine der bekanntesten südamerikanischen Autorinnen. Ihre Romane «Das Geisterhaus», «Der unendliche Plan» und «Von Liebe und Schatten» sind Bestseller in Amerika und Europa. Ihr jüngstes Werk «Paula», ist ein Familienroman mit tragischem Hintergrund: es ist die Geschichte, die sie am Krankenbett ihrer Tochter schrieb, die ein Jahr lang im Koma lag und, erst 28jährig, starb. – «El oro de Tomás Vargas» ist dem Geschichtenband «Cuentos de Eva Luna» (Editorial Sudamericana, Buenos Aires 1990) entnommen. © Isabel Allende 1989. Lizenz für den Abdruck des spanischen Textes von der Agentur Carmen Balcells, Barcelona. Lizenz für den Abdruck der deutschen Übersetzung von Lieselotte Kolanoske (in «Die Geschichten der Eva Luna») vom Suhrkamp Verlag, Frankfurt am Main.

Maria Luisa Bombal, geboren 1910 in Viña del Mar, Chile, übersiedelte mit zwölf Jahren nach Paris, wo sie zur Schule ging und danach Literatur, Musik, Kunst und Philosophie studierte. Mit 21 Jahren kehrte sie nach Chile zurück. Im gleichen Jahr begann ihre literarische Tätigkeit. 1933 ging sie nach Buenos Aires, Argentinien, wo sie bis 1940 blieb und die Bücher «La última niebla» und «La amortajada» schrieb. Später erschienen «Las islas nuevas», «La Maja y el ruiseñor» und «Historia de Maria Griselda». Fast alle ihre Protagonisten sind Frauen, die in ihren Träumen Zuflucht vor der Wirklichkeit suchen. Maria Luisa Bombal ist 1980 gestorben. – «El árbol» wird zitiert aus «La última niebla», Editorial Andres Bello, Santiago de Chile, 1992. Lizenz für diese zweisprachige Edition von der Rechtsvertreterin Lucía G. Cunningham. Deutsche Rechte: dtv.

José Donoso, geboren 1925 in Chile. Nach seiner Schulausbildung in Chile reiste er mit einem Stipendium in die USA, um in Princeton englische Literatur zu studieren. Die Dekadenz der gehobenen Schichten der Gesellschaft hat ihn besonders interessiert. In vielen seiner Werke werden verderbliche Leidenschaften dargestellt, so in dem Roman «El obsceno pájaro de la noche». Er gilt als einer der repräsentativen Autoren des «lateinamerikanischen Booms». Einige Titel: «Este domingo», «Lugar sin límite», «Tres novelitas burguesas», «Casa de campo», «Donde van a morir los elefantes». Für seinen ersten Roman, «Casa de Campo» 1977, erhielt er den Preis «Crítica de España». Auch in Frankreich, Chile und Italien erhielt er literarische Preise. Einen großen Teil seines Lebens hat er dem Unterricht der englischen Sprache und Literatur gewidmet, und er hat etliche nordamerikanische Autoren ins Spanische übersetzt. – «El hombrecito» wird zitiert aus dem Band «Cuentos», Seix Barral, 1971/81. © José Donoso 1971 and heirs of José Donoso. Lizenz für diese zweisprachige Edition von der Agentur Carmen Balcells, Barcelona.

Jorge Edwards, geboren 1931 in Chile, Dr. phil. et jur., war Berufsdiplomat. Nach seinem Ausscheiden aus dem diplomatischen Dienst widmete er sich ausschließlich der Literatur. Bücher u.a.: «El patio» (Kurzgeschichten), «Persona non grata» (Erinnerungen an das Kuba Fidel Castros) sowie die Romane «El peso de la noche», «Los convidados de piedra», «El museo de cera», «El anfitrion». – «La jaula de los monos» wird zitiert aus dem Band «Temas y variaciones», Editorial Universitaria, Chile 1969. Lizenz für diese zweisprachige Edition vom Autor. Deutsche Rechte: dtv.

Jaime Hagel Echenique, geboren 1933 in Chile, besuchte deutsche Schulen in Chile und danach staatliche Hochschulen. Er hat einen M.A. in Literatur, erhielt zweimal Stipendien vom Goethe-Institut und hat zur Zeit einen Lehrstuhl für Literatur an der Universidad Catolica von Santiago. Hagel, der häufig in einem leicht ironischen Plauderstil das

Alltägliche mit etwas Geheimnisvollem umgibt, hat unzählige Kurzgeschichten geschrieben, von denen viele in Chile und im Ausland prämiiert wurden, außerdem Essays und Studien über Literatur. – «Qué me dice, Amanda» wird zitiert aus dem Band «A Quemarropa», Editorial Travesia, Santiago de Chile, 1990. Lizenz für diese zweisprachige Edition vom Autor. Deutsche Rechte: dtv.

Antonio Skármeta, geboren 1940 in Antofagasta, Chile, war bis 1973 Dozent für Philosophie und lateinamerikanische Literatur in Chile. 1969 erhielt er in einem Wettbewerb für Kurzgeschichten den «Premio Casa de las Americas». 1973–1975 lebte er im Exil in Buenos Aires. 1975 übersiedelte er nach Berlin, wo er als Dramaturg bekannt wurde, Film-Drehbücher verfasste (u.a. für Peter Lilienthal) und auch Regie führte. Bücher von ihm wurden in viele Sprachen übersetzt. In Deutschland erschien u.a. eine Auswahl Kurzgeschichten bei Piper. Skarmeta hat mehrere Romane geschrieben. Einer davon, «Ardiente paciencia», wurde auch als Bühnenstück verarbeitet und 1995 verfilmt. Seit einigen Jahren lebt Skármeta wieder in Chile. – «Mira donde va el lobo» ist zietiert aus dem Band «Novios y Solitarios», Losada, Buenos Aires 1975. Lizenz für diese zweisprachige Edition vom Autor. Deutsche Rechte: dtv.

Ein Verzeichnis der Taschenbuch-Reihe dtv zweisprachig
wird vom Verlag auf Wunsch zugesandt.

Deutscher Taschenbuch Verlag
Friedrichstraße 1a
80801 München